O LIVRO DO KI

Mallory Fromm

O LIVRO DO *KI*

UM GUIA PRÁTICO PARA COMPREENDER OS PRINCÍPIOS DE CURA DA ENERGIA VITAL

Tradução
ALÍPIO CORREIA DE FRANCA NETO

Fotografias de
SHIRLEY BROGER
e JIM MADJID

EDITORA PENSAMENTO
São Paulo

Título do original: *The Book of Ki — A Practical Guide to the Healing Principles of Life Energy.*

Publicado pela primeira vez nos Estados Unidos pela Healing Arts Press, uma divisão da Inner Traditions International, Rochester, Vermont.

Esta edição foi publicada mediante acordo com a Inner Traditions International.

Este livro só deve ser usado como obra de referência, não como um manual de medicina. As informações aqui apresentadas visam ajudar você a tomar decisões conscientes acerca da sua saúde. Elas não pretendem ser um substituto para nenhum tratamento que possa ter sido prescrito por seu médico. Se você suspeita que está com algum problema de saúde, insistimos para que procure assistência médica.

O primeiro número à esquerda indica a edição, ou reedição, desta obra. A primeira dezena à direita indica o ano em que esta edição, ou reedição, foi publicada.

Edição	Ano
1-2-3-4-5-6-7-8-9-10-11	01-02-03-04-05-06-07

Direitos de tradução para a língua portuguesa
adquiridos com exclusividade pela
EDITORA PENSAMENTO-CULTRIX LTDA.
Rua Dr. Mário Vicente, 368 — 04270-000 — São Paulo, SP
Fone: 272-1399 — Fax: 272-4770
E-mail: pensamento@cultrix.com.br
http://www.pensamento-cultrix.com.br
que se reserva a propriedade literária desta tradução.

Impresso em nossas oficinas gráficas.

Sumário

Prefácio

Este livro veio à luz em função de duas vontades — primeiro, homenagear um mestre do ki que certamente salvou-me a saúde e provavelmente a vida e, em segundo lugar, desfazer a imagem obscura, até mística, que envolveu o ki até hoje, e proporcionar ao ocidental comum os meios de criar um programa de saúde baseado no seu próprio ki. Este livro pode se chamar de auto-ajuda, porém, de vez que quem quer que viva possui ki, trata-se mais de um guia programado para usar o que você já traz dentro de si mesmo do que um meio de você conseguir o que lhe falta.

A primeira parte do livro levará o leitor através do rito de passagem fundamental para desenvolver a técnica para curar e para conservar a saúde por meio do ki. São estes os estágios: aprender a ter acesso ao seu ki pronta e eficazmente por meio da respiração; seguir uma série de exercícios para o fortalecimento, a harmonia e o equilíbrio do seu ki; por fim, aprender a transmitir o seu ki de um modo tranqüilo e saudável a você mesmo e aos outros. Como em todo esporte ou forma artística, a repetição é a "chave". O ki é poderoso, mas não milagroso. Precisa ser cultivado da mesma forma que qualquer outro campo de estudo; entretanto, o ki acaba por ter conseqüências benéficas à saúde num período de tempo admiravelmente curto.

O restante da Parte I se ocupa precisamente do modo como você deve usar seu ki para a cura e para a conservação da saúde. Padecimentos e dores relacionados ao *stress*, problemas com o sono, de apetite e excreção, angústia e problemas psicológicos também relacionados ao *stress* serão outrossim abordados. Sobretudo, este livro visa ser prático, não apenas a pôr literalmente o poder de cura do ki nas mãos da pessoa, mas também a mostrar ao indivíduo onde energizar com as mãos carregadas de ki.

A Parte II é um tributo à primeira praticante de ki que me foi dado conhecer. Destina-se à interpretação de um tipo de mistério, com um clímax satisfatório e revelador. Decerto, vi-me estarrecido com a abordagem dessa mulher quanto à saúde e à cura, e gostaria de conduzir o leitor, passando pelas minhas primeiras dúvidas e pela aura de mistério, até minha convicção absoluta no poder de cura do ki e na visão que tinha ela da cura e do corpo humano. Aprendi literalmente ki por meio de suas mãos, e meus anos de estudo e prática subseqüentes pautaram-se pelo exemplo dela. Ela me introduziu num mundo novo de pensamento e de práticas concernentes à saúde. Um mundo em cujo limiar todos estamos; no entanto, dentre nós são poucos aqueles a quem se admite um relance de olhos a tanto. Dão-nos duas aspirinas e nos dizem para voltarmos de manhã. A Parte II espera retificar essa situação apresentando o mundo da saúde por meio do ki num panorama vívido.

No texto, cito os praticantes do ki e as pessoas que são mestres no seu uso; trata-se de professores e alunos do ki que treinei e com quem trabalhei no Japão nos últimos dezesseis anos. Estou em débito para com o eternamente obsequioso Toshihiko Kubota da Meiji University, por sua perícia técnica e ajuda. Por fim, deixo aqui consignado meu reconhecimento de gratidão inabalável a Therese Baxter, por seus conselhos e orientações sobre o texto e as fotos, e por suas vivas lembranças de nossa primeira praticante do ki.

Introdução

Minha doença começou em 1979. Eu tinha trinta anos e morava em Tóquio.

Acordei numa manhã quente de um domingo de junho e não consegui me mover devido a uma dor aguda e latejante que se irradiava da base da espinha até o alto do lado esquerdo do tornozelo. Num reflexo, pensei em ciática, mas não consegui me lembrar de nenhum acontecimento ou acidente que a pudesse ter causado. Eu não levantara peso de nenhuma espécie, não sofrera nenhuma pancada, tampouco fora submetido a algum movimento violento nem brusco; também não sentira até então nada que se parecesse com uma "ferroada" e que, pensando bem, tivesse sido uma indicação do começo das dores. Em suma, era inexplicável. Sem me valer plenamente do corpo, sentia-me como que um espectro, insubstancial; só a dor penetrante naquele local era concreta e digna de consideração.

A modo dos japoneses, eu estivera dormindo no chão. Pôr-me de pé era difícil, mas eu conseguia fazer isso depois de uns trinta minutos. As dores diminuíam quando eu andava pelo apartamento e, pelo fim do dia, se haviam alojado persistentemente em minha panturrilha esquerda, em grau maior ou menor, até que eu procurava a ajuda de um médico. A sensação era constante e incômoda, mas tolerável. Prosseguia com meu trabalho e com minha rotina por duas semanas, mais enfarado que aborrecido, e vivia com a esperança de que a dor se fosse tão rápida e subitamente quanto havia aparecido.

Duas semanas depois de as dores terem começado, passei a ver dois médicos por semana. O primeiro deu o diagnóstico de tendinite e receitou antiinflamatórios. O segundo disse que eu só tinha tensão muscular e sugeriu banhos quentes, de preferência banhos de água mineral. Segui o conselho de ambos, mas não houve nenhuma alteração no meu estado. Comecei a ficar nervoso.

Em setembro, visitei um cirurgião ortopedista. Ele era um homem elegante e calado, de estilo um tanto lacrimoso. Com um gesto cansado, instruiu-me em que me curvasse e tocasse a ponta dos pés. Eu mal conseguia tocar os joelhos! Ele soltou um suspiro, disse que eu tinha hérnia de disco em conseqüência da ciática da perna esquerda, e depois me mandou tirar radiografias em confirmação do seu diagnóstico. Como ele havia previsto, as radiografias comprovaram. A terceira e quarta vértebras lombares é que estavam com o problema, pois elas pressionavam a cartilagem entre elas, a qual, por sua vez, estava pressionando o nervo ciático. Ele me prescreveu repouso absoluto na cama e analgésicos na forma de supositório, embora tivesse pouca confiança em ambos os expedientes. Aventou a hipótese da necessidade de uma laminectomia, mas também depositou tão pouca confiança nesse procedimento quanto a que depositou na recomendação do repouso na cama.

Sua falta de confiança se justificava. Com o repouso na cama, a área da dor ampliou-se ao ponto de afetar-me metade da perna. Os supositórios apresentavam um esteróide que me punha com náuseas. Em minha segunda consulta, ele receitou um remédio para o estômago para combater os efeitos colaterais dos supositórios. Fiz um amigo médico, o Dr. Shibata, analisar os supositórios. Ele me disse que os jogasse fora, pois que eram nocivos. As duas semanas de repouso na cama e os supositórios haviam diminuído as dores, porém, naquele momento elas se haviam espalhado por uma área maior da panturrilha, tornando-se mais constantes.

De setembro de 1979 até fevereiro de 1980, tentei um sem-número de quiropráticos e acupunturistas. Achei as "adaptações" dos quiropráticos bem dolorosas e nada gratificantes. Um homem velho e melancólico, em particular, parecia ressentir-se de que eu não pudesse me lembrar de nenhum momento para a origem definitiva da dor. Ele me receitou massagens dolorosas e inúteis. Os acupunturistas partilhavam todos de uma expressão desgastada de "tente ser forte", que me desestimulava quanto ao tratamento. Um praticante era mais desinteressado do que os demais, e passei por seis sessões inúteis com ele. Os três praticantes de shiatsu com quem me consultava eram alegres e falantes, o que me ajudava a me distrair momentaneamente no que concerne a meus aborrecimentos; entretanto, sem resultados palpáveis, eis-me de novo aborrecido.

Em junho de 1980, consultei um cirurgião ortopedista americano na Califórnia, um homem de cabelo crespo, sorriso largo e agradável, uma personalidade forte — um caipira de avental branco. Depois de enrolar a barra da calça, mostrou uma cicatriz grossa, escura e repulsiva que lhe ia do joelho ao tornozelo, conseqüência de um deslize momentâneo com uma serra elétrica manual. "Isso, sim, é que foi dor", vangloriou-se. "O que você tem não é nada."

Das dezenas de profissionais da área que conheci, ele foi o único que fez com que eu me sentisse como um maricas. Os raios X que ele me mandou tirar igualaram os resultados dos raios X do ortopedista japonês, e ele me dispensou com analgésicos e com a recomendação de repouso na cama.

Voltei ao Japão em setembro, e rapidamente minha situação se agravou muito. Enquanto até então a dor estivera localizada na panturrilha, com irradiações ocasionais até a ponta dos dedos e o repouso causara considerável alívio, a dor agora variava das pontas dos dedos até os quadris e me assolava sem cessar. Nenhuma posição, nenhuma postura do corpo me trazia alívio. Comecei a ter problemas para me concentrar no trabalho, dormia pouco e de modo insatisfatório. Tornei-me irritado e angustiado, a angústia se tornando medo em dezembro, quando percebi que estava perdendo a sensibilidade na ponta dos dedos. Ao tocá-las, eu tinha só a sensação do frio, de tocar algo inerte. Eu ouvira falar que essa sensação era sintomática da morte incipiente do nervo e, certo ou errado, na minha condição atual, eu não podia crer senão que isso fosse verdade.

Consultei-me com outro cirurgião ortopedista. Este, o último, tinha um tipo de personalidade variável, com traços de histeria. Ele também me fez tirar radiografias e fez perguntas acerca de meu estilo de vida. Minha "incapacidade de chegar a um acordo quanto à minha condição e de desistir dos movimentos" tinha contribuído para meu estado deplorável de saúde. Eu não devia sequer pensar em ficar de pé, para não falar em andar, mas devia ir para a cama por duas semanas, tempo durante o qual ele me proibiu de fazer outra coisa. Emprestou-me um penico. Se o repouso na cama não desse certo, ele ia me colocar num hospital para duas semanas de tração. Se isso também não melhorasse, ele haveria de se satisfazer com uma laminectomia. Em qualquer caso, eu estaria sem dores em seis semanas se me submetesse ao tratamento dele.

O repouso na cama se mostrou contraproducente. Amigos vieram tomar conta de mim revezando-se no horário, mas as dores se tornaram mais agudas, e as pontas dos dedos mais frias. Com pouco apetite, eu mal me alimentava. Estava-me tornando tão fraco fisicamente, que não conseguia mais enfrentar a dor. Perdi a esperança de me curar, e comecei a me indagar se não seria melhor deixar de lado a tração e aventurar-me direto na laminectomia.

O repouso na cama também me prejudicara o espírito. Eu tinha a sensação de fazer movimentos — minha mente e meu espírito estavam em movimento — mas eu tinha ordens de reprimir o impulso. No final, não conseguia. Andava um pouco diariamente no apartamento; contudo, na ocasião, precisava de uma bengala em que me apoiar. Não conseguia mais urinar de pé. Contrair os músculos do estômago causava-me dores pela perna, e eu tinha de me sentar no vaso sanitário e esperar que a gravidade da terra me fizesse expelir a urina.

No começo da noite do segundo sábado de janeiro de 1981, caí em grave depressão. Não tinha nenhuma fé nos cirurgiões ortopedistas. Nenhum dos três com quem me consultara havia posto o dedo em mim, mas todos contaram com as evidências da radiografia para dar um diagnóstico. Eu tinha dúvidas sobre se os raios X mostravam a origem da ciática ou se apenas os seus sintomas. Os médicos me asseguraram que todas haviam indicado a mesma coisa, mas eu não estava convencido. Ademais, todos eles me haviam receitado o repouso na cama, o que, a julgar por suas atitudes, era pouco mais do que estar a meio caminho da cirurgia — um lugar para esperar e desejar a recuperação; no entanto, a cirurgia ortopédica representava um pináculo do conhecimento e da técnica da medicina ocidental, e, na condição de ocidental, eu tinha evidentemente um impulso inicial para acreditar que o cirurgião, com seus trajes ritualísticos e brandindo o bisturi afiado da cura, não iria me decepcionar. Ponderei sobre a pertinência de uma laminectomia. Tivesse perpetuado o meu estado de semimorbidez e ansiedade, eu bem que poderia ter passado pela cirurgia. Nunca saberei. O telefonema de Okamoto aconteceu assim que comecei a pesar seriamente os prós e os contras da intervenção cirúrgica.

Okamoto era um estranho para mim. Sendo amigo de Patrick, meu amigo íntimo, Okamoto de repente sumira dos olhos de todos por três anos, até uma semana antes. Ele telefonara para Patrick e o convidara para jantar naquela noite de sábado. Depois do jantar, Okamoto disse que durante o tempo em que eles não se haviam visto, ele sofrera dores terríveis em função da ciática, esta, conseqüência de um confronto corporal enquanto jogava rúgbi. Depois de seguir quase a mesma rotina que eu seguira, ele encontrara uma senhora que o havia curado.

Patrick imediatamente deu-lhe o meu número de telefone. Okamoto, sensível a um companheiro de sofrimento, telefonou-me certa vez de um restaurante. Ele ia marcar um horário para mim com essa senhora na terça-feira, e se ofereceu para me acompanhar.

Fiquei eufórico. Minhas depressões tiveram fim, e nunca mais pensei em cirurgia. Essa mulher era um gênio da medicina, uma mestra em ki, uma mulher humilde e piedosa. Seu nome era Kayoko Matsuura. Eu dedico este livro à sua memória.

PARTE I

A Cura Por Meio do Ki

Sobre o Ki

O conceito de ki permeia o estofo da vida diária e do pensamento na China e no Japão. Por exemplo, o japonês usa a palavra ki para explicar ou retratar uma ampla esfera de fenômenos. Diferentemente dos alfabetos, em que as letras são alinhadas seletivamente para formar uma palavra e não têm nenhuma relação intrínseca com o sentido da palavra, os ideogramas chineses — chamados de *kanji* em japonês — são representações pictóricas de palavras. A palavra inglesa *tear* [lágrima], por exemplo, significando tanto "umidade nos olhos" como também "rasgo" e pronunciada diferentemente em cada sentido, é impossível quando se tenta reproduzir o uso do kanji. Os dois sentidos de *tear* teriam cada qual o seu próprio kanji. De fato, é possível que você não soubesse como pronunciar o kanji, mas saberia das diferenças entre ambos.

O kanji que designa ki se encontra em compostos vocabulares e frasais cujo sentido cobre variadas atividades da vida, do pensamento e do mundo dos fenômenos. O clima é ki; eletricidade é ki; ar é ki; saúde é ki; doença é ki; os objetivos, os desejos, a saúde mental e a loucura, os sentimentos físicos e emocionais e o ato de acompanhar ou não uma pessoa — todas essas coisas também são ki. Você presta atenção com ki, demonstra consideração com ki, usa o ki quando se aborrece ou quando está calmo. Quando o seu ki não se dirige a uma coisa específica, você não tem inclinação nenhuma para fazer essa coisa. Quando o seu ki está consciente do ambiente imediato que o cerca, você é sensível aos sentimentos alheios. Por fim, de acordo com o objetivo deste livro, o ki é vitalidade, energia, o espírito da própria vida.

Se o ki exigisse mais coisas, ele poderia facilmente ser exaltado à condição de divindade. Apesar de tudo, nascemos em função do ki e por ele morremos. O destino talvez determine quem encontramos, mas é o ki que determina quem amamos ou odiamos. As divindades fazem exigências; é necessário demonstrar gratidão em intervalos regulares, em sinal da nossa consciência da presença dessas divindades. As que são dotadas dessa natureza branda e abrangente podem facilmente ser dignas de confiança.

Isso é exatamente o que se deu com o ki. Assim como vivemos em meio ao ar e dele dependemos — posto que não raro não tenhamos consciência disso (momentos em que o ar está puro) — o japonês comum vive num ambiente de ki, mas dificilmente lhe dedica atenção; todavia, peça a um japonês para manter uma conversa simples omitindo a palavra ki, quer sozinha quer num composto, e você se pegará contrariando inteiramente alguém bastante insatisfeito. A palavra *torturada* talvez fosse um adjetivo exagerado para se aplicar a essa pessoa, mas *frustrada* bem que poderia ser igualmente um eufemismo. Não há uma única palavra ou conceito em inglês que se possam comparar remotamente a ki em escopo, utilidade e importância.

O principal obstáculo deparado ao se escrever sobre ki para um público ocidental versa sobre como explicar o fenômeno. Ele se afigura tão distante para um americano quanto está próximo a alguém do Japão. Com efeito, encontrei duas reações distintamente opostas ao fenômeno do ki entre as platéias ocidentais. A primeira é o escárnio. Ki não é científico, é irracional e, portanto, não existe. Trata-se de um conceito chinês tão estúpido quanto o Elixir da Imortalidade dos taoístas. A outra reação equivale a ver o ki como algo especial, sagrado até. Por ser coisa do Oriente, é exótica, e por variar tanto em termos de amplitude de objetivos, é algo prenhe de sentido em potencial. A primeira reação procura fechar as portas ao ki, ao passo que a segunda o conserva fechado numa caixinha recendendo a incenso, que só deve ser tirado de onde está em ocasiões especiais.

É possível traduzir ki para o inglês como "força vital", "essência da vida" ou "centelha fundamental". Da mesma forma é fácil traduzi-lo por "eletromagnetismo". Esses sentidos todos seriam corretos e, no entanto, enganosos de alguma forma. Prefiro a palavra *energia*, mas, como no caso das outras palavras, quedo-me insatisfeito. Cada qual sozinha é por demais estreita para transmitir a gama de pensamentos própria do ki e, ao mesmo tempo, não lhe consegue transmitir o caráter comum. Ademais, as palavras que figuram em itálico deixam certa impressão de vagueza. Um japonês ou chinês há de ter uma clara idéia do ki. Eis a aparência do ki.

氣

Essa relação visual com o ki ajuda a tornar-lhe o sentido mais acessível. Dessa forma, darei uma descrição visual do ki em vez de ficar procurando um termo equivalente.

Por exemplo, se se tira duas amostras de tecido de uma pessoa, uma pouco antes da morte e outra logo depois dela, ambas parecerão idênticas num exame patológico. Seria impossível detectar que uma amostra foi tirada de um cadáver; contudo, no momento da morte, o ki estava terminado. A diferença entre vida e morte é a presença ou ausência do ki.

Toda criatura viva tem ki, o que não significa dizer que toda coisa viva possua ki em quantidades iguais. O ki dos seres humanos é a um só tempo geral e específico. É geral no sentido de que cada um de nós tem ki, e suas características básicas são partilhadas universalmente. É específico no sentido de que o grau e a densidade do ki diferem de pessoa a pessoa. O domínio do ki está em perfeita consonância com a máxima de Freud de que anatomia é destino. O ki com que você nasceu é o ki que terá até morrer, e as qualidades desse ki são, para expressá-lo de modo simples, aquilo que o fazem ser quem é.

Algumas pessoas apresentam um ki fraco, ao passo que em outras o ki é forte. (Em japonês, as primeiras são chamadas de "sem força de vontade" e as últimas de "com força de vontade".) O ki de algumas pessoas parece positivo e ativo, enquanto o ki de outras é tranqüilo e passivo. Encontrei variedades de ki cálidas e revigorantes; deparei formas de ki frias e serenas. Em suma, não existe nenhum ki "característico", assim como não há nenhum tipo específico de ser humano. A quem se introduz na ciência do ki, convém saber que se deve esperar ter pela frente tantos tipos de ki quanto de pessoas (os quais, no domínio do ki, equivalem basicamente a doze, com certa variedade de subtipos devido à variação).

Pelo fato de o ki ser a base da saúde, é propositado considerar o que é exatamente a saúde do ponto de vista do ki. Não há um modelo de saúde — ki não reconhece critérios de saúde ideal. Algumas pessoas são naturalmente saudáveis, ao passo que outras têm aspecto enfermiço desde que nascem. Conheço gente que acredita que o tabaco e que o álcool são alimentos, e que se alimentaram de poucas coisas além disso durante uma vida longa e saudável. Conheço outras que se tornaram jovens mártires da forma física e dos regimes alimentares, batendo as botas em função de um ataque na casa dos trinta. O ki não reivindica de forma nenhuma o mérito de fazer que a pessoa se torne saudável. A presença de ki forte pode fazer com que uma pessoa seja *tão saudável quanto ela fisiologicamente pode ser*.

Se o ki tem uma filosofia da saúde, ela é esta: a saúde é a satisfação que se tem na vida. Se beber e fumar lhe dão mais prazer do que tudo o mais, e se você considerou as conseqüências, então o ki não o proibirá de beber nem de fumar. Ele preferiria que você não fizesse isso, porém, no que concerne à vida, o ki prefere a qualidade à quantidade. O ki não garante recompensas pela longevidade. Ele recompensa com o grande ato de usufruir a vida.

Também é bom que se advirta desde o início que o seu ki não se mistura com o ki de alguém que você encontre. Assim como você se encaminha rumo a algumas pessoas e não a outras, o seu ki se harmoniza às maravilhas com alguns e é avesso a outros. O ki de algumas pessoas verdadeiramente acaba por repelir o seu ki, o que as deixa arredias ao seu toque. Esses casos extremos de duas forças do ki não se combinando são raros, mas existem. Em geral, é possível fazer incursões lentas e constantes num ki até mesmo pouco receptivo. Esteja preparado para encontrar algumas pessoas que lhe absorvem o ki tão rápida e facilmente, que você tem a impressão de que a sua energia lhe é sugada; ao mesmo tempo, esteja pronto para deparar pessoas que lhe recebem o ki de má vontade, quando recebem.

Nunca é aconselhável forçar o ki para beneficiar alguém. Por outras palavras, o ki não é um truque que sempre há de ter resultados surpreendentemente benéficos. A pessoa que o recebe deve querê-lo verdadeiramente, ou o tratamento pode acarretar efeitos colaterais desagradáveis. Você não pode machucar ninguém com o ki no sentido de acarretar um efeito duradouro ou lento; contudo, certa sensação de mal-estar, náusea ou até angústia pode ocorrer se o ki da pessoa que o recebe não aceita bem o de quem transmite.

O fato de que cada um de nós possui ki desde o momento da concepção até o momento da morte não torna mais fácil o uso apropriado do nosso ki, assim como o fato de que termos uma boa voz não nos habilita a cantar no Carnegie Hall. O ki tem de ser treinado. Por outras palavras, temos de nos sensibilizar ao ponto de podermos sentir e usar o ki de modo delicado e preciso. É a sensibilização de nosso corpo e dos sentidos a parte mais difícil e que requer mais tempo no tratamento do ki. Noventa e oito dentre cem pessoas são capazes de ter acesso a seu ki e de o transmitir a alguém mais no período de uma hora no início da aprendizagem da técnica; todavia, sentir o ki trabalhando dentro de você e exercendo seu efeito em alguém mais (contrariamente a ver os resultados de cura do seu ki) requer anos de transmissão e recepção do ki.

Ter consciência do ki deveria ser uma coisa espontânea, natural até; entretanto, existe uma outra lógica, igualmente poderosa, que nos dessensibiliza e torna o treinamento do ki uma necessidade. A mente humana e o corpo se alteram constantemente entre tensão e relaxamento. Ficamos tensos quando inalamos, e relaxamos quando exalamos. Todo movimento se baseia em alternar a tensão e o relaxamento. Nossos órgãos internos, também, estão em estado de fluxo.

A tensão nos põe alertas e espertos; o relaxamento nos deixa calmos e sensíveis. O ritmo, a direção, as necessidades e metas de nossa vida nos obrigam a uma situação em que a tensão nos domina e o relaxamento deixa de desempenhar um papel fundamental. Vez ou outra, o relaxamento se torna tão esporádico, que mal chega a existir, o que dá a razão da tensão muscular no pescoço e nos ombros, das dores de cabeça, da vista cansada, de dores na base da coluna e de um sem-número de outras dores e enfermidades. Perdemos o equilíbrio entre tensão e relaxamento e nos tornamos dessensibilizados. William Blake compreendeu o fenômeno muito bem quando escreveu (em "Provérbios do Inferno"), "Aos diabos cintas que apertam; abençoado o relaxamento". A maioria de nós está condenada a uma vida de mal-estar por causa da tensão. O ki nos pode ser uma bênção.

Um grande número de outros fatores trabalha para nos dessensibilizar quanto a nosso próprio bem. Dado o ritmo de nossa vida e a quantidade de estímulos que deparamos por bem ou por mal durante nossas horas de vigília, sem dúvida passaríamos por sobrecargas sensoriais se retivéssemos nossa sensibilidade natural. Por meio da tecnologia, afastamo-nos tanto da natureza, que ter um corpo naturalmente sensível haveria de nos matar. Esfriamos nosso ambiente no verão e o aquecemos no inverno. Saio de minha casa com ar-condicionado para meu carro com ar-condicionado, indo depois para o meu escritório com ar-condicionado e volto para casa mal sabendo que a temperatura é de 104 °F. Vivo e trabalho num ambiente de 72 °F o ano todo. Minha alimentação não se pauta mais pelas estações. Criação de galinhas em estufa, criações de peixe, estufas de plantas, todo o hemisfério sul, refrigeração, alterações genéticas e formas modernas de embalagem me proporcionam um regime alimentar constante e não variado. Meu corpo mal passa pela experiência da mudança das estações e, quando passa, fico assustado e procuro os cuidados de um médico.

O treinamento do ki e a sensibilização só fazem recuperar o equilíbrio da tensão e do relaxamento. O ki transmite tensão quando há deficiência em algum grau, e incita ao relaxamento quando também há deficiência. De um modo prático, de vez que todos somos inclinados à tensão, o treinamento e a prática do ki são, portanto, técnicas de relaxamento. Para as pessoas raras que sofrem de um excesso de relaxamento, o treinamento e a prática do ki acarretarão a medida necessária de tensão.

Fiz menção à mente e ao corpo humano. Diferentemente do chinês e do japonês, a língua inglesa discrimina entre os dois. É possível usar o kanji para 心身 mostrar a mente e o corpo como uma unidade. Faço questão de ressaltar isso por ser essencial na experiência do ki. O ki não admite distinções entre a mente e o corpo. Você não pode amarrar os cadarços do sapato sem pensar, por pouco que esteja consciente disso, para não falar de fazer cálculos matemáticos sem o corpo, por menor que seja esse cálculo. Usar o ki para a conservação da saúde e para a cura sempre tem por base a unidade da mente e do corpo. Assim como a sensibilidade advém de certo equilíbrio de tensão e relaxamento, a saúde igualmente deriva de fatores mentais e físicos, e sempre deve ser levada em conta ao se transmitir o ki.

Por fim, em nossa era de limites e de recursos finitos, é confortador saber que o ki é inexaurível. O ki é como a beleza de Cleópatra; ela se deixa usar e continua sempre aumentando. Mais você utiliza ativamente e transmite o seu ki, mais ki terá para usar e transmitir. Certa capacidade de usar o ki para o seu potencial total é mais bem descrita nas palavras de Blake tiradas dos "Provérbios do Inferno": "A energia é prazer eterno."

Em suma, o ki é um tipo de energia que enforma toda matéria viva. Está sujeito a estímulos externos, tais como outras formas de ki, mudanças climáticas ou acidentes. Ele reage a estímulos internos tais como angústia e tensão. Quando o seu ki se acha "cinzento", você está deprimido e apático. Quando o seu ki está "puro", a sensação é a de possuir um milhão de dólares.

O ki não deixará você mais bonito, mais esbelto nem mais musculoso, mas o deixará mais energizado, concentrado e relaxado. Certa capacidade para concentrar o ki espontaneamente é coisa revigorante. Você se pega com a energia e o entusiasmo que tinha na infância. É capaz de realizar tarefas com menos energia despendida e num período mais curto de tempo. E o melhor de tudo é que você terá tanto a inclinação como a capacidade para conservar a sua saúde e a da sua família.

Como Ter Acesso ao Seu Ki

As instruções para ter acesso ao ki surpreenderão o novato como um tanto trabalhosas; contudo, quando já se teve a sensação do próprio ki, o procedimento se torna mais simples. Depois de algumas semanas, ter acesso ao seu ki será tão rotineiro quanto escovar os dentes, e o procedimento passo a passo descrito aqui pode ser reduzido para se adaptar às suas preferências.

Um ambiente calmo e tranqüilo é sempre recomendado, sobretudo para quem se inicia. Uma pessoa com experiência pode entrar em contato com o ki em quase todo ambiente, porém, de vez que a concentração é essencial, preferem-se os ambientes onde não haja barulho.

Sente-se num banco firme com os dois pés apoiados no chão. É preferível um banco sem espaldar, como um banco baixo ou para piano. As pessoas têm certa tendência de se inclinar para trás e deixar que a cadeira lhes apóie as costas; um banco sem espaldar lhe permitirá apoiar sua espinha. (Os que aspiram à autenticidade oriental podem sentar-se sobre os joelhos. Essa postura assegura que a parte inferior da espinha é forte e suporta a cabeça; contudo, para a maior parte dos ocidentais, o mal-estar que se segue em função da perda de sensibilidade na parte inferior das pernas diminui a capacidade de se relaxar e de se concentrar.)

Sente-se ereto, mas sem ficar tenso. Atento, alinhe a cabeça com a espinha dorsal de modo que a parte mais delgada das costas concentre o peso da sua cabeça. Deixe que as mãos achem uma posição natural e confortável sobre o colo (figura 1). Muitas pessoas se sentem melhor com os antebraços no colo. Atente para a sua respiração e para a eventual tensão no seu plexo solar. Note que, ao diminuir ou aprofundar a respiração, você pode relaxar o

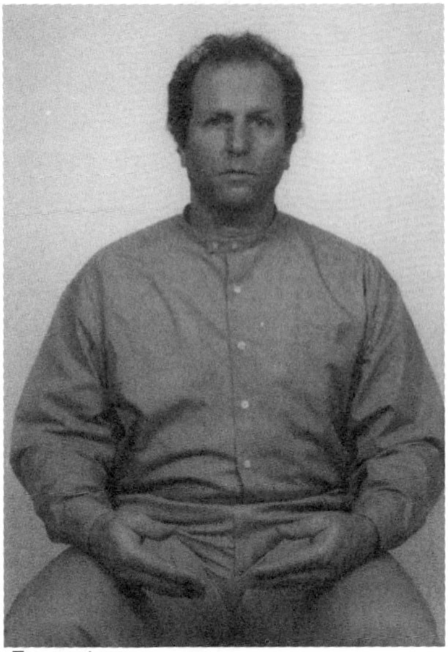

Figura 1

seu plexo solar. A respiração da maior parte das pessoas é superficial durante as horas de vigília — um sinal da tensão. Nossa respiração se torna mais lenta e se aprofunda quando dormimos; as pessoas cuja respiração continua pouco profunda durante o sono não conseguem usufruir um sono profundo.

Antes de começar o trabalho de ativação do ki, conceda-se meio minuto para se acalmar e atentar para a sua respiração. O tipo ideal de respiração para esses exercícios é a primeira respiração arquetípica que caracteriza o começo das férias. Você sai do carro na praia ou nas montanhas, enche os pulmões de ar puro e exala o ar lenta e sensualmente, usufruindo o ato da respiração. Trata-se de uma imagem banal e um tanto cinematográfica, com a pessoa que respira dizendo, "Isso, sim, é ar!"; contudo, trata-se do tipo de respiração funda e lenta necessária para se colher inteiramente os benefícios desses exercícios.

Não exagere quando respirar fundo. Só respire no grau de profundidade em que se sentir bem. Se a sua respiração causa algum tipo de tensão ou mal-estar, reduza a inalação até um nível natural que lhe seja agradável.

Você também pode querer mudar a direção em que está sentado para relaxar o plexo solar. Quanto mais relaxado ele é, mais rápido você ativará o seu ki. *Respire lentamente pelo nariz até que lhe seja dito o contrário.* Agora, você está pronto para começar.

Procedimento Padrão

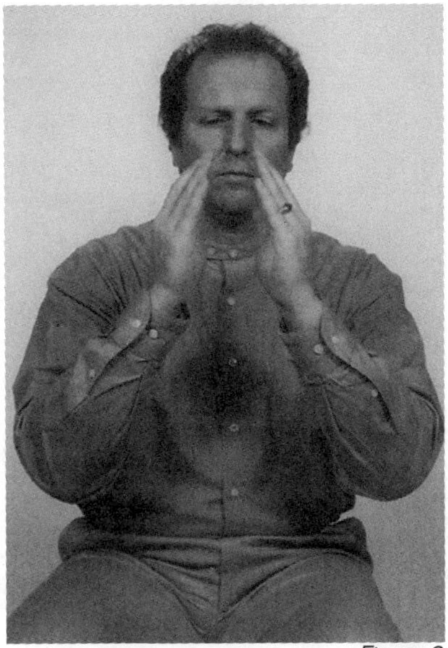
Figura 2

Erga as mãos ao nível da boca, mantendo-as distantes uma da outra quinze centímetros, e numa distância de cerca de quinze a vinte centímetros do corpo. Suas mãos devem assumir a forma um tanto recurva que lhes é peculiar. Os cotovelos devem estar ligeiramente inclinados e voltados para baixo (figura 2).

No começo, é necessário visualizar o seu ki. Recomendo que imagine o ki como um vapor branco, feito fumaça. *Respirando pela boca*, exale uma corrente contínua e suave de ar entre as mãos. Imagine que o ar é um vapor branco. Que ele ocupa o espaço entre suas mãos e lhe esfria as palmas. Depois de exalar três vezes, imagine que o vapor fundiu-se e corporificou-se, assumindo a forma de uma bola entre as suas mãos.

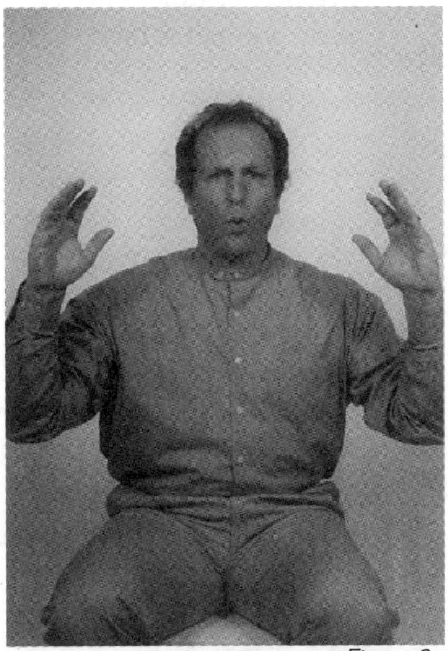
Figura 3a

Comece a brincar com a bola. Mexa as mãos lenta e delicadamente para fora e para dentro, visualizando a bola que se expande e contrai. Continue exalando lentamente entre as mãos para que a sensação física confirme a forma visual mutável (figura 3a).

Em cerca de vinte segundos, você sentirá que as mãos se atraem uma à outra, uma sensação de ligeiro magnetismo. Quando mover as mãos para a frente e para trás, descobrirá que elas são atraídas uma para a outra e que o tamanho da bola de vapor diminuirá. As mãos serão atraídas uma para a outra cada vez mais, mas não deixe que se toquem enquanto não sentir que a atração entre elas é mesmo forte (figura 3b). Então, muito delicadamente, deixe que as mãos se juntem. O vapor se esvairá de entre elas e se dissipará no ar.

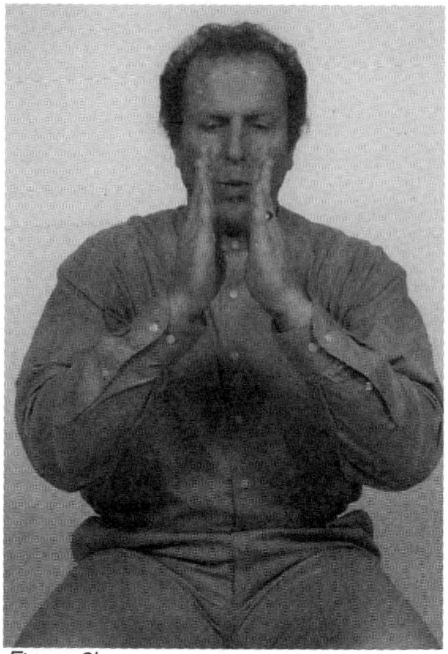

Figura 3b

Comece de novo a respirar lentamente pelo nariz. Suas mãos agora assumiram uma posição que lembra a da oração (figura 4). Seus dedos e a parte inferior das palmas devem estar se tocando. Mais suas mãos se tocam, mais rápido você ativa o seu ki; contudo, as mãos devem estar relaxadas e você não deve forçá-las a ponto de uma achatar a outra.

Sinta a tensão nos ombros. Se eles estão por demais erguidos, solte-os lentamente até que se sinta relaxado. Suas mãos devem estar na altura do peito, e as pontas dos dedos se voltando na direção contrária a você mesmo. Feche os olhos calmamente (figura 5). Uma vez mais, visualize a respiração na forma de um vapor branco.

Inale o ar pela ponta dos dedos. Isso significa que, quando você inala o ar pelo nariz, você deve imaginá-lo penetrando-lhe o corpo como um vapor branco que lhe entra pelas mãos através da ponta dos dedos e lhe percorre os braços até chegar aos cotovelos. *Sinta* o ar percorrer-lhe as palmas, descendo pelos braços até os cotovelos.

Figura 4

Ao exalar o ar, visualize e sinta o vapor branco perfazendo a rota que vai dos cotovelos às mãos, e depois saindo de novo pela ponta dos dedos. Enquanto você continua essa respiração tranqüila, sinta o ar lhe entrando frio no corpo, para depois sair quente do corpo.

Mantenha certo ritmo na respiração pelo nariz, e, depois de um minuto, você sentirá que as palmas das mãos começam ligeiramente a "formigar". Enquanto você continuar mantendo a respiração e a visualização, a sensação de formigamento se irradiará para os dedos. Você sentirá que, além da sua respiração que lhe sai pela ponta dos dedos, existe uma força contínua e a modo de onda se irradiando de você através das mãos. Você ativou o seu ki. Se alguém se posta ao seu lado e põe a mão, a palma voltada para baixo, cerca de quinze centímetros acima das pontas dos seus dedos, eles lhe darão a sensação de um fluxo de energia à maneira de onda (figura 6). O ki não flui do corpo apenas no ato de exalar o ar. Ele é um fluxo constante. Não há nenhuma necessidade de forçar nem tensionar a expiração para fazer uma quantidade maior de ki sair do corpo. De fato, esse tensionamento acarretará o efeito contrário. Quanto mais rítmica, natural e profunda a respiração, maior o fluxo do ki.

Continue mantendo essa respiração até sentir nas mãos calor e formigamento. Recomendo que faça isso de *três a cinco minutos*. A sensação é tão agradável, que muitas pessoas assim continuarão de sete a dez minutos. A fim de conservar seu ki num lugar central em vez de fazê-lo difundir-se pelo corpo, termine esse procedimento da seguinte maneira.

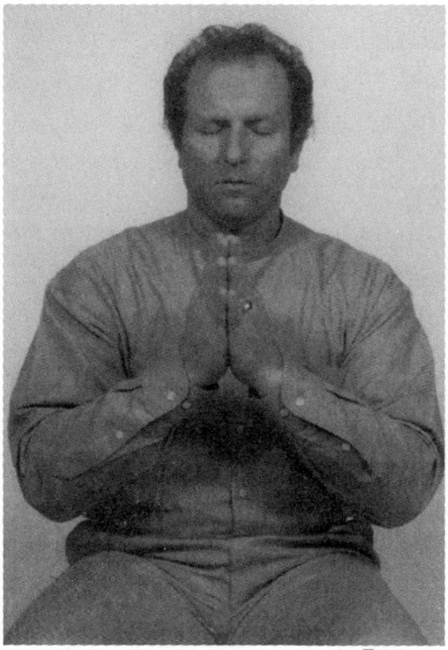

Figura 5

Quando estiver pronto para interromper, respire fundo *pelo nariz* e tragues o ar. Você deverá sentir de súbito que a tensão volta a se concentrar no seu plexo solar. Expire o ar lentamente, *pela boca*. Enquanto exala o ar, abra lentamente os olhos, um de cada vez, se possível, e deixe que as mãos lhe caiam lentamente de volta ao colo. Agora, você está pronto para transmitir ki, ou para si mesmo ou para alguém mais.

Depois de três ou quatro experiências de ativação do ki, você pode começar a encurtar o procedimento. Em geral, a visualização do vapor branco é o primeiro passo a descartar, e o tempo necessário para que haja nas mãos uma atração natural diminui para dez ou vinte segundos. É possível que você não sinta mais a respiração perfazer o curso até os cotovelos; em vez disso, você talvez prefira conservá-la mais tempo na palma de suas mãos. A experimentação levará a alterações. O que importa lembrar ao ativar o ki é estar consciente da tensão ou do relaxamento no seu plexo solar, e manter a respiração constante e serena. Além disso, não é de modo nenhum necessário ser "anatomicamente corretó" ao visualizar ou sentir o ar passando pela ponta dos dedos e indo para os cotovelos. Basta que imagine o ar, e você o sentirá.

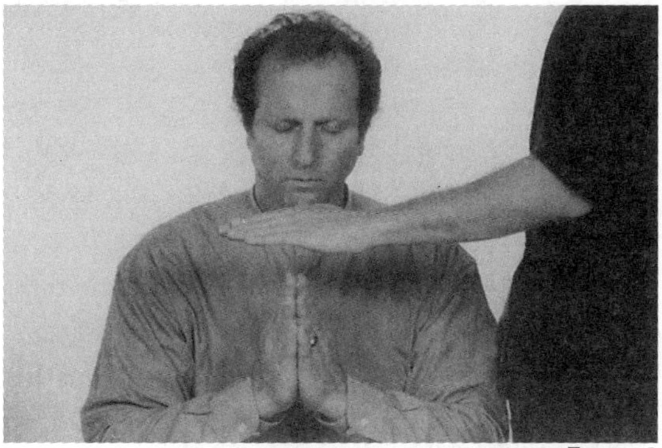

Figura 6

Procedimento Avançado

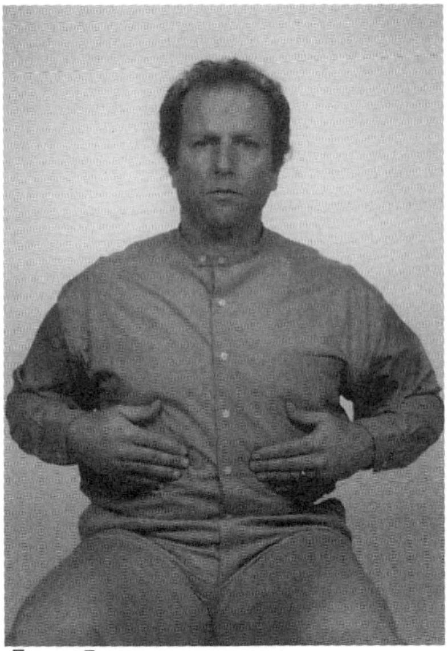

Figura 7

Respire lentamente pelo nariz até o final deste procedimento.

Sente-se como se fosse para realizar o procedimento padrão. Ponha os três dedos centrais de cada uma das mãos (o indicador, o médio e o anular) de ambos os lados do plexo solar (figura 7). Procure se sentir calmo para a tensão. Volte todo o corpo para direções diferentes, até que encontre uma em que o plexo solar esteja mais relaxado.

Depois de mudar de posição para achar uma direção em que você se sinta melhor, ponha as mãos juntas como no procedimento padrão (figura 5). Erga as mãos para que os polegares estejam no nível dos olhos e voltados para eles. Você sentirá a tensão no seu plexo solar. Relaxe os ombros bruscamente, para que as mãos caiam até chegar a uma posição em algum lugar à sua frente. As mãos da maioria das pessoas quedam mais ou menos no nível do esterno (figura 8).

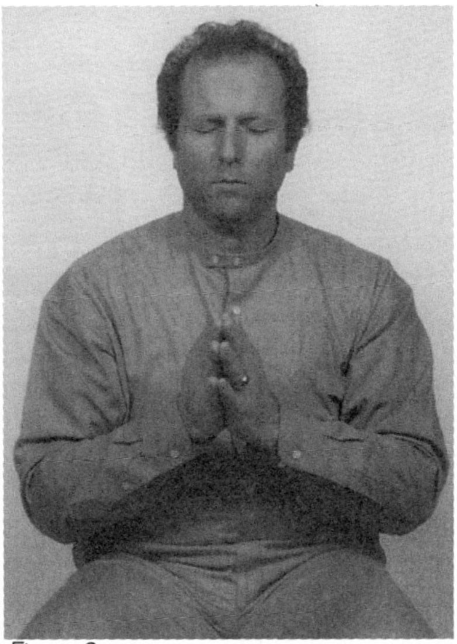

Figura 8

Feche os olhos lenta e tranqüilamente. Respire fundo pelo nariz e engula o ar. Sinta a tensão no seu plexo solar. Exale o ar lentamente *pelas palmas das mãos e para além da ponta dos dedos.*

Uma vez mais, é conveniente visualizar o ar que você inspira e expira na forma de vapor branco. Inspire o vapor através da ponta dos dedos e das palmas até *a parte mais delgada das costas.*

Não é necessário que o vapor siga uma rota "anatomicamente correta". Simplesmente visualize e sinta o vapor atravessar-lhe o corpo, entrando pelas pontas dos dedos, e passando às palmas, até os punhos, e indo destes até a parte mais delgada das costas. Especificamente, a sua respiração deve dirigir-se à *terceira* e *quarta vértebras lombares.*

A terceira vértebra lombar (L 3) se localiza bem atrás do umbigo. Para localizar L 4, ponha as mãos nos quadris. Mova-as lentamente para cima, até que cheguem ao topo da bacia. Trace uma linha com os polegares, indo do topo da bacia até a parte mais delgada das costas, e os seus polegares vão parar na L 4. Essa área deverá receber a sua respiração (figura 9).

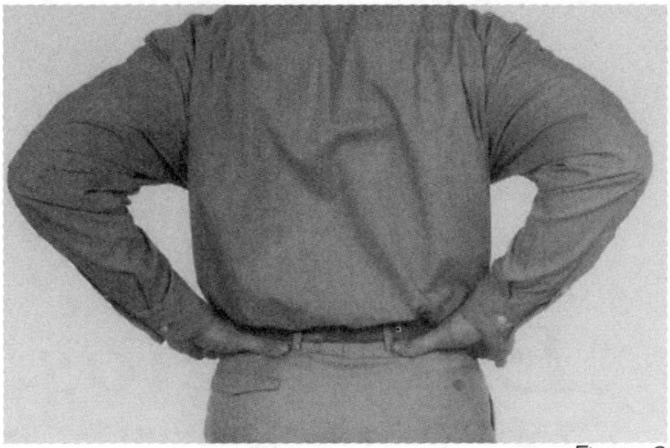

Figura 9

A princípio, respirar até a L 3 e L 4 transmite certa sensação de frescor, até mesmo de frio. Algumas pessoas chegam a tremer. Quando sentir que sua respiração envolveu a L 3 e a L 4, exale o ar lentamente, seguindo o mesmo curso da inalação. Depois de meia dúzia de respirações, você sentirá que suas vértebras L 3 e L 4 se expandem e contraem como se estivessem fazendo o papel dos pulmões. Em pouco a palma de suas mãos e os dedos começarão a "formigar" — o ki lhe estará fluindo das mãos a modo de ondas. Continue essa forma de respiração por um período de três a cinco minutos.

Enquanto estão envolvidas com esse procedimento, a maioria das pessoas naturalmente inclina um pouco a cabeça para a frente. Erga conscientemente a cabeça para que o pescoço fique reto e a espinha dorsal confira apoio à cabeça.

Para terminar esse procedimento, respire fundo pelas pontas dos dedos até que não possa segurar mais ar. Engula o ar e esteja consciente da tensão no seu plexo solar. Expire lentamente *pela boca*. Abra os olhos lentamente, se possível, um de cada vez, e deixe que as mãos se abram e caiam lenta e naturalmente até o colo. No final da expiração, você tem de se sentir bem relaxado, certo calor nas mãos. Nesse momento, você está pronto para transmitir o ki.

Esse procedimento é mais rápido e eficiente do que o procedimento padrão; contudo, dominá-lo requer certo nível de experiência.

Muitas pessoas têm certa dificuldade para visualizar o vapor branco chegando à vértebra L 3 e L 4 ao longo de um percurso que obedece à anatomia — através dos dedos, da palma das mãos, dos punhos e dos cotovelos até os ombros, passando pelas clavículas até a espinha dorsal, e depois até a base da espinha. Se esse percurso constitui auxílio conveniente para o aprendizado ou a experiência da técnica, ele é bom e benéfico; entretanto, a respiração e o ki podem percorrer o corpo no percurso mais breve que é possível imaginar. A *essência desse procedimento avançado equivale a conservar a conexão da respiração entre as mãos e a parte inferior da espinha.*

Exercícios para Treinar o Ki

Os exercícios para treinar o ki têm duas metas fundamentais: a primeira é, evidentemente, fortalecer o seu ki e a segunda é sensibilizá-lo no que concerne a transmitir e a receber o ki.

A maior parte do treinamento do ki requer pelo menos duas pessoas: a que transmite o ki e a que o recebe. É aconselhável treinar com mais de uma pessoa a fim de ter a experiência de diversos tipos de ki e de variados graus de sensibilidade. Esta depende do relaxamento, de sorte que todos os que participam dos exercícios de treinamento do ki devem a princípio ativar essa energia. Os que se seguem são exercícios de treinamento padronizados, realizados regularmente por todos os praticantes do ki, independentemente de sua proficiência.

Exercícios Feitos Quando se Está Sentado

Ambas as pessoas devem sentar-se no mesmo tipo de bancos usados nos exercícios, ou então se sentar sobre os joelhos no chão, à maneira dos japoneses.

O transmissor e o receptor devem estar sentados a uma distância de cerca de três pés um do outro, o receptor posicionado de perfil. A mão direita do transmissor assume a forma de uma arma, o polegar como o "cão" dessa arma, o indicador e o dedo médio fazendo de cano. A "arma" deve estar apontada na horizontal, mantendo o cotovelo ligeiramente recurvo.

O receptor deve fechar os olhos e estender o braço direito, a palma voltada para o transmissor, em posição cômoda. De qualquer forma, a palma se torna o alvo (figura 10).

1

A "arma do ki" do transmissor deve estar a cerca de quinze centímetros do centro da palma do receptor. Os olhos do transmissor podem estar abertos ou fechados, o que for mais propício à concentração. O transmissor respira funda e lentamente *pelo nariz* e expira o ar *através do cano da arma.* O ki começará a fluir dos dois dedos. Continue a respiração dessa forma. Conquanto você inspire pelo nariz e expire pelos dedos, *o seu ki fluirá continuamente, até mesmo durante a inalação.* O ki não está presente apenas na exalação; ele é igualmente forte na inalação.

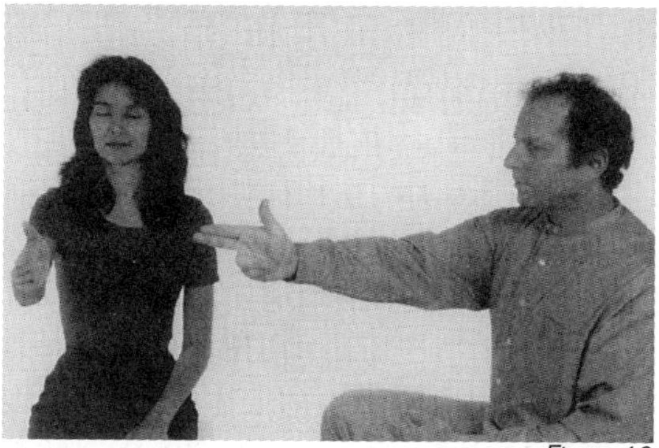

Figura 10

A essa altura, o iniciante pode ter certa dificuldade para se concentrar. No começo dos exercícios de treinamento do ki, recomendo ao iniciante que repita *mentalmente* alguma coisa. É melhor dizer várias vezes uma frase positiva para si mesmo, tal como "Estou irradiando o ki" ou "O meu ki está saindo do meu corpo". De maneira mais específica, é possível dizer, "Estou irradiando o ki através dos meus dedos para a mão do receptor", ou "O ki de meus dedos está indo diretamente para a palma do receptor".

Repassar frases que tais no espírito não só ajudará na concentração, como também concentrará e fortalecerá o fluxo de ki. Quando o seu parceiro lhe disser que o ki está sendo recebido, isso dar-lhe-á a confiança necessária para interromper a repetição do mantra.

Num período de trinta segundos a um minuto, o receptor deve estar consciente de certa sensação na palma da mão. Ela pode ser tão delicada quanto o sopro do vento lhe tocando a palma. Pode ser uma sensação de calidez, de frescura ou pulsação. Pode ser apenas a sensação de calor ou frio. A sensação mais corriqueira é a de uma pena fazendo cócegas na área.

Se, depois de dois minutos, o receptor ainda não tiver sentido nada, que ele não se aborreça. De duas, uma: ou o ki do transmissor é fraco ou então não está se irradiando (devido à falta de concentração apropriada), caso em que o procedimento para ativar o ki deve ser repetido; contudo, essa circunstância é rara. É mais comum que tal problema advenha da falta de sensibilidade da parte do receptor. Nesse caso, é bom tentar o exercício de novo, com o transmissor dessa vez usando a mão esquerda e o receptor a direita.

Admitindo que o receptor comece a sentir o ki, faça a pessoa descrever a qualidade desse ki. Adjetivos comumente usados (em japonês) são *tranqüilo, plácido, rude, agudo, forte, delicado, cálido, quente, fresco, tépido, intenso* e *difuso*. As cores também são usadas para descrever o ki. O tipo de ki que a maioria das pessoas usufruem e a que reagem mais é descrito como transparente. Por outras palavras, ele não tem cor nem característica predominante, tão-só uma sensação continuamente agradável.

É também importante para o receptor que informe ao transmissor de qualquer alteração na força ou na sensação do ki. O objetivo do exercício é projetar um fluxo forte e *contínuo* de ki.

Quando o receptor sentir o seu ki a quinze centímetros de distância, lentamente afaste a mão até a distância de vinte centímetros, e projete o seu ki a partir daí. A seguir, afaste ainda mais até vinte e cinco centímetros. Se a essa distância o seu ki ainda é sentido com força e constantemente, é tempo de terminar o exercício. Este em geral dura de *quatro a cinco minutos* para cada mão; contudo, *sinta-se à vontade para terminar o exercício sempre que quiser.*

No caso dos exercícios de treinamento do ki, você pode terminar simplesmente com abaixar sua "arma de ki" e fazer seu parceiro abrir os olhos. Recomendo que você conserve o seu ki concentrado no final por meio do inspirar profundo pelo nariz, engolindo o ar, e então expirando lentamente *pela boca* à medida que baixa sua "arma de ki".

Os parceiros agora devem trocar de função e se revezar, dessa vez usando a outra mão. Uma vez que você é capaz de projetar o seu ki forte e continuamente a uma distância de vinte e cinco centímetros você pode passar ao estágio seguinte. (Isso implica que você e o seu parceiro se acham sensíveis à recepção do ki. Caso contrário, não há pertinência em passar para a etapa seguinte.)

2

As posições relativas do transmissor e do receptor são as mesmas. Os olhos do *receptor* devem estar *fechados*, enquanto os olhos do *transmissor* devem estar *abertos*. O transmissor aponta a "arma de ki" *cuidadosamente* para um lugar particular na mão do receptor. O lugar pode ser a ponta do dedo médio, a segunda junta do mínimo, ou o ponto em que o indicador se liga à palma. Convém ao transmissor repassar interiormente o ponto que ele mira durante esse exercício, por exemplo: "Estou enviando ki para o calo ósseo na base do dedo médio", ou "Estou irradiando ki para a parte carnosa da palma debaixo do polegar". O receptor deve, num período que vai de trinta segundos a um minuto, ser capaz de lhe dizer onde você está mirando para irradiar o seu ki. Quer o receptor sinta ou não a localização correta, mude o alvo para outra parte da mão. Aponte para um total de três lugares diversos.

3

É mais difícil, porém extremamente interessante, usar a sua "arma de ki" para desenhar um número na palma da mão. Deve-se fazer isso muito lentamente, e o receptor deve estar relaxado e concentrando-se na palma. Com a prática regular, em três meses você deve ser capaz de desenhar números (letras são difíceis, mas não impossíveis, de ler) na palma da mão de uma pessoa sensível, e fazer com que esses números sejam lidos pelo receptor.

Esse exercício não raro dura mais tempo do que os dois anteriores e é também um pouco mais cansativo para o transmissor e o receptor. Por isso, é melhor limitar esse exercício a dez minutos. Quando o transmissor e o receptor são bem-sucedidos em projetar e ler os números com as mãos esquerda e direita num período de dois minutos após o início do exercício, eles alcançaram o estágio em que devem principiar o procedimento avançado para ativar o ki. A *capacidade de interpretar o ki é tão importante quanto a de projetá-lo.*

4

Para fazer este exercício, você vai precisar de um objeto qualquer comprido, fino e pontiagudo. Um lápis apontado, uma caneta, uma chave de fenda, uma tesoura ou uma faca pequena para carne servirão. Para o objetivo desta explanação, admitirei que o objeto é um lápis apontado. Muitas pessoas envolvidas nos exercícios de treinamento do ki sentem que o ki da "arma" é por demais difuso, e querem concentrá-lo. Neste exercício, o ki será projetado da ponta do lápis. A quantos desejam visualizar algo durante este exercício, o ki da "arma" pode ser comparado ao raio da luz de uma lanterna, amplo e difuso, ao passo que o ki da ponta do lápis é como o raio *laser*, intenso e concentrado.

Segure levemente o lápis próximo à extremidade, mas firme, entre o polegar, o indicador e o dedo médio. O transmissor e o receptor devem estar de pé ou sentados confortavelmente, separados por uma distância de um a dois metros, de frente um para o outro. Os *olhos do receptor* devem estar *fechados*, enquanto os do *transmissor* estão *abertos*. O transmissor deve *estirar totalmente* e erguer um braço, como uma espingarda à altura do rosto do receptor. O transmissor mira o "rifle de ki" (a ponta do lápis) para alguma parte do rosto do receptor (figura 11).

Usando a mesma técnica do Exercício 1, projete o ki pela extensão do seu braço, através dos três dedos e até para dentro do lápis. *Sinta o seu ki convergir dos seus três dedos para a haste estreita que é o lápis*. Visualize o seu ki como um raio *laser* de luz branca se projetando da ponta afinada do lápis ao local que você mira no rosto do receptor. Enquanto faz isso, você pensa numa frase tal como "Estou enviando raio *laser* de ki pelo meu braço e através da ponta do lápis até a ponta do nariz dessa pessoa", ou "Estou enviando um flu-

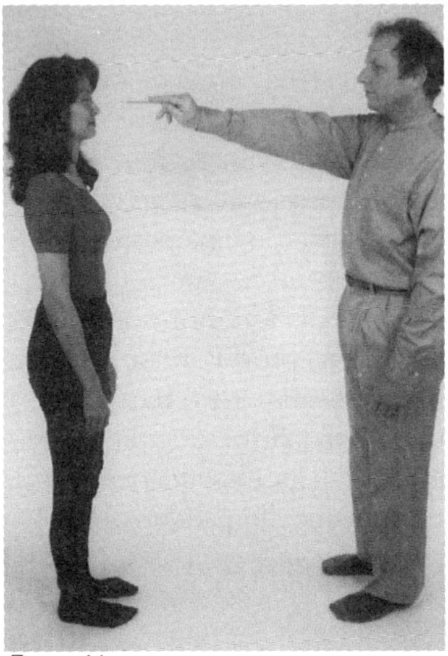
Figura 11

xo constante de ki para o centro da testa do receptor".

Lembre-se de que *o seu ki não está ligado apenas à sua exalação, mas flui num ritmo contínuo.* É conveniente mover a ponta do lápis ligeiramente para cima e para baixo ou para trás e para a frente, como que a fazer cócegas na área. *Não mexa o lápis com seus dedos, mas, em vez disso, mexa todo o seu braço a partir dos ombros.* Quando você sentir que o seu ki está atingindo a área do rosto para a qual estava mirando, peça ao receptor para dizer-lhe se ele está sentindo o ki ou onde ele o está sentindo. Algumas pessoas que estão começando são naturais, dão e recebem ki com facilidade. A maioria, contudo, tem dificuldade para sentir o ki direcionado ao rosto. Não desanime, caso o receptor não sinta o seu ki na primeira ou segunda vez em que você tentar esse exercício.

Quando o receptor responde corretamente (em outras palavras, quando ele sente para onde o seu ki está sendo direcionado), aumente a distância entre vocês aos poucos, até que a ponta da "arma" esteja a dois metros e meio do rosto do receptor. Um sinal seguro de um ki forte e equilibrado é a capacidade de provocar no nariz do receptor pruridos ou até mesmo fazer a pessoa espirrar, provocando comichões na ponta do nariz com o seu ki. Quando você está apto a fazer isso com ambas as mãos, saberá que desenvolveu um elevado nível de habilidade.

Observe que isso é divertido e benéfico à prática dessa técnica com a cabeça do receptor, isto é, o rosto, os lados e a parte de trás da cabeça. Contudo, eu não recomendo que você tente realizar esse exercício com o pescoço nem com o peito do receptor. Só os peritos em ki estarão aptos a sentir o ki nessas áreas, e o doador tende a ficar cansado e desanimado.

Antes de prosseguir com o último exercício sentado para parceiros, é hora de mencionar mais uma coisa acerca da natureza do ki, ventilado no primeiro capítulo. A força, a consistência e a sensação do ki de alguém são, em qualquer dado momento, determinadas em grande parte pelo modo como a pessoa está se sentindo naquele momento. Se você tem preocupações ao projetar o ki, este refletirá essas preocupações. Se você está inquieto com alguma coisa, o receptor sentirá o seu ki literalmente agitado. Se você está calmo e se sente bem, o seu ki proporcionará serenidade e paz de espírito ao receptor.

A maioria dos animais humanos não sente com facilidade esse caráter do ki — eles se dessensibilizaram pelas razões mencionadas no primeiro capítulo. Outros animais, contudo, são extremamente sensíveis a esse caráter e a essa consistência do ki em qualquer momento. O Exercício 4 é o exercício máximo de treinamento com o parceiro do ki estando sentado. Se você estiver apto a fazê-lo, você não terá dúvidas quanto ao caráter do seu ki (e, portanto, quanto ao seu real estado de espírito) no momento de projetar o seu ki.

5

Muitas pessoas têm animais de estimação. Para os que não os têm, encontre um amigo que tenha um e pegue-o emprestado por alguns minutos. Este exercício pode ser feito com um gato ou um cachorro. Descobri que os gatos são mais sensíveis (no sentido de que respondem mais prontamente) do que os cachorros. Portanto, usarei um gato para exemplificar esse exercício. Entre em contato com seu ki. Sente-se numa posição confortável onde preferir, num sofá ou numa cadeira — um lugar onde você e o gato se sintam relaxados. Isso pode ser necessário para que você se sinta um pouco à vontade para segurar o gato no colo; mas é melhor manter as costas retas.

Ponha o gato sentado no seu colo. Quer ele esteja dormindo, quer acordado, ou nesse mundo de torpor e crepúsculo dos gatos, isso não importa. Pouse uma das mãos levemente sobre o dorso do gato de modo que a palma da mão fique sobre a coluna vertebral. A mão pode estar no sentido vertical ou horizontal quanto à medula espinhal; geralmente, a posição horizontal é mais fácil de ser mantida e mais confortável para os seres humanos. Não importa em que lugar na espinha você coloca a sua mão. Você pode colocá-la na cabeça do gato, mas muitos gatos se sentem incomodados com o peso. Olhando para a sua mão, *inspire profunda e silenciosamente pelo nariz e expire através de toda a palma da mão.* Não há necessidade de visualizar um caminho para a sua respiração. Simplesmente imagine-a saindo da palma da sua mão e entrando na espinha do gato. Mantenha a respiração nesse ritmo lento e natural.

O gato sentirá o ki na sua segunda exalação. Geralmente, ele irá contorcer-se para mostrar que sentiu o ki.

Agora vem a parte interessante. Se o ki for arrítmico, agitado, abrupto ou instável, o gato demonstrará imediatamente seu desagrado. Vi gatos reagirem eriçando-se e ronronando, com os pêlos em pé. A maioria dos gatos reage a esse incômodo com um miado agudo, pulam do seu colo e saem da sala correndo. Se o ki é suave e equilibrado, o gato começa, quase em seguida, a ronronar ruidosamente e cai num estado semelhante ao coma. Se um gato reagir com desagrado ao seu ki, isso não significa que haja algo de errado com o seu ki. Isso deverá ser tomado como um sinal do seu estado de espírito naquele momento.

Eu faço esse treinamento do ki com o meu gato, Basil, quase todas as noites antes de ir para a cama. Por ele reagir com a máxima irritação a qualquer agitação ou desequilíbrio no meu ki, entrego-me a um estado mental de relaxamento antes de praticar com ele. O exercício nos faz relaxar a ambos e, por isso, dormimos melhor. Conheço um praticante do ki extremamente capacitado e excêntrico que pratica com um peixe. Ele põe a mão dentro do aquário e, conscientemente, transmite o ki através da água até o peixinho dourado. Ele afirma que isso tranqüiliza os peixes e diminui o ritmo deles. Nunca o vi fazendo isso e, não tendo um aquário que seja meu (graças ao Basil), menciono isso apenas como um interessante campo de investigação e experimentação.

Exercício de Pé

Este exercício é semelhante ao Exercício 4. O doador usará um objeto pontiagudo como um rifle. O receptor deverá ficar de pé, as costas voltadas para o doador. Os olhos podem ficar abertos ou fechados. Algumas pessoas acham difícil continuar de pé e sentir-se à vontade com os olhos abertos. O doador deverá estar a cerca de dois metros e meio do receptor. Segurando o rifle como no exercício anterior, enrijeça o braço e erga o rifle de modo que esteja voltado para uma única vértebra ao longo da espinha do receptor. A ponta do rifle deve estar a pouco menos de dois metros das costas dos receptor.

Não é necessário saber exatamente o número da vértebra, embora isso possa ajudar. (Há sete vértebras cervicais, doze torácicas, cinco lombares, cinco sacrais e quatro do cóccix, cada qual apresentando um número contado seqüencialmente da cabeça para baixo. Você pode consultar a Referência para localizar os pontos, nas páginas 42e 43.) Visualize o seu rifle enviando raio *laser* para uma vértebra em vez de irradiá-lo em toda uma área. Se possível, imagine a espinha dorsal do receptor destacando-se na camisa. *Estar usando uma camisa não interfere na transmissão do ki.* A conseqüência será a mesma se o receptor estiver nu ou usando um casaco de pele. O ki atravessa até mesmo roupas mais grossas.

Projete o seu ki a partir do rifle enquanto repassa interiormente uma frase positiva como "Estou transmitindo um raio forte de ki para essa vértebra bem entre as escápulas", "Meu ki está sendo dardejado sobre essa vértebra bem atrás do umbigo", ou "Meu ki está penetrando a vértebra logo abaixo do pescoço". Quando você sentir que o seu ki penetrou essa vértebra a contento, peça ao receptor para tocar a vértebra em que ele sente o ki. A princípio, o receptor levará de *sessenta a noventa* segundos para sentir o ki. Se o receptor for capaz de identificar corretamente a vértebra que foi visada em duas dentre cinco vezes, tanto o doador como o receptor têm um ki forte e sensibilidade aguçada. Se o receptor a princípio for incapaz de identificar a vértebra correta ao menos uma vez dentre dez, não há por que se desapontar.

Este exercício é muito importante e bem difícil. A *espinha é a sede do relaxamento e do bem-estar*, no entanto, a maioria de nós apresenta, na espinha dorsal, tensão, falta de sensibilidade. Nossos traumas, neuroses e tensão físicos resultantes do *stress* do mundo exterior vêm-se alojar na espinha. A maior parte das pessoas tem má postura quer estejam sentadas quer de pé, o que significa mais um fardo para a espinha. Os programas de educação física, também, tendem a perturbar o equilíbrio da tensão na espinha. A maior parte deles acaba cansando as vértebras lombares e causando tensão em demasia nas vértebras dorsais superiores. São necessários meses de prática para ter acesso ao ki e meses de treinamento fundamental de ki para que o receptor seja capaz de senti-lo em cada vértebra. Ser capaz de fazer isso pode ser considerado como um grande êxito quanto a dar e receber o ki. Por essa razão, nem o doador nem o receptor devem-se sentir desestimulados se logo no começo houver certa incapacidade de sentir o ki na espinha. Importa continuar o treinamento até que você seja capaz de executar bem o exercício. Os exercícios que se seguem o ajudarão a aguçar a sensibilidade da sua espinha. Eles podem ser realizados ficando a pessoa sentada ou de pé. No caso do segundo exercício, recomendo ao principiante que primeiro faça uma tentativa permanecendo sentado.

Exercícios com a Pessoa Sozinha

1

O objetivo deste exercício é partilhar certo sentido de equilíbrio entre suas mãos para transferir o ki. Ele também deixará você alerta quanto a transformar a tensão e quanto ao relaxamento na sua espinha. Essa consciência é o primeiro passo rumo à sensibilidade.

Você vai precisar de dois objetos de tamanho, forma e peso diferentes — por exemplo, um peso de papel redondo, de vidro, uma caixinha ou uma revista e um par de óculos de leitura. Qualquer coisa servirá. Para a clareza dessa explanação, usarei duas xícaras de tamanhos diferentes.

Sente-se ou fique de pé confortavelmente. Esteja atento à sua respiração e ao grau de tensão no plexo solar. Conservando os braços ao lado do corpo, erga as mãos — os cotovelos dobrados e as palmas para cima, a uma altura que seja natural e cômoda para você. Depois de achar essa posição confortável, ou você mesmo pega ou pede que alguém ponha um objeto em cada uma das palmas voltadas para cima. Você terá a sensação de que um ob-

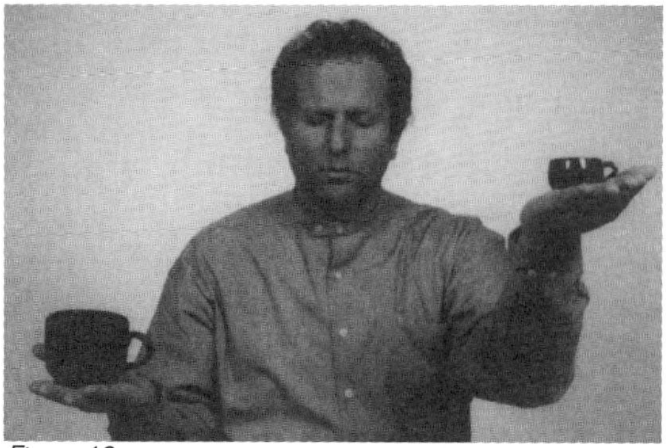
Figura 12

jeto pesa um pouco mais do que o outro. Você também estará consciente da diferença em termos da textura entre eles.

Calmamente, feche os olhos. Comece a respirar lentamente *pelo nariz*. Não é preciso que haja nenhuma visualização determinada. Trata-se da respiração normal, tranqüila. Fique consciente da sua respiração por alguns segundos e, depois, volte sua atenção para os objetos sobre as palmas.

Mova os braços para posições diferentes enquanto continua a respirar (figura 12). Um dos braços pode levantar-se, o outro pode afastar-se do corpo; um pode ser abaixado e o outro pode ser esticado para a frente. A cada mudança de posição, primeiro atente para qualquer alteração na sensação de peso entre os objetos. A seguir, concentre-se nas mudanças na área de tensão e relaxamento da sua espinha. Atente para a sensação de sua espinha movimentando-se enquanto move lentamente os braços, e sinta a tensão passando de vértebra para vértebra.

Você pode mudar de posição e voltar-se para outra direção, bem como pode mover livremente os braços durante o exercício. *Você deparará uma combinação de direção e posição das mãos em que o peso dos dois objetos parece o mesmo*. Por outras palavras, você será capaz de distinguir os dois objetos só por meio de suas formas e texturas.

Quando tiver chegado à sensação de equilíbrio, inspire profundamente pelo nariz, engula o ar e exale lentamente também pelo nariz. Continue a respirar normalmente.

A essa altura, você deverá sentir certa unidade entre as mãos e a espinha, sobretudo quando exala o ar. Você não deverá estar consciente de três objetos fazendo três coisas diferentes, mas de um organismo em equilíbrio. *Dentro em pouco, você perderá a consciência dos objetos na palma das mãos*. Quando houver um esforço consciente para sentir os objetos, finalize o exercício simplesmente abrindo os olhos e abaixando os objetos que estão em suas mãos. Não recomendo que se faça este exercício por mais de *seis minutos* de cada vez. Se você, no início, for incapaz de sentir o equilíbrio entre os objetos, descanse alguns minutos antes de tentar de novo.

2

Este exercício talvez seja o mais difícil. Porém, ele é também o mais compensador. A meta é o relaxamento da espinha e, a partir dela, o relaxamento de todo o organismo, inclusive da mente. Este exercício pode ser realizado com a pessoa sentada ou em pé, porém, como afirmei antes, o principiante deve tentar fazê-lo sentado.

Sente-se num lugar firme, de preferência, sem espaldar. (Sentar-se sobre os joelhos no chão também é apropriado.) Conserve os pés plantados no chão. Os braços podem pender ao lado do corpo, e as mãos podem repousar sobre o colo, o que quer que lhe seja mais cômodo.

Sua cabeça deve estar alinhada com a espinha dorsal.

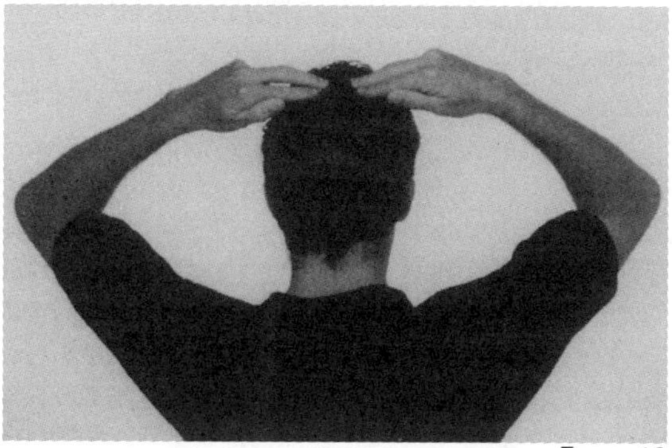

Figura 13

Imagine a sua espinha subindo reta e indo além do topo da sua cabeça. Com dois dedos, sinta delicadamente essa abertura no topo da cabeça (figura 13). Ao tocar esse ponto, esteja consciente da sensação e do local. Feche calmamente os olhos. Inale profundamente o ar pelo nariz, retenha o ar e depois exale-o lentamente também pelo nariz. A seguir, *inspire o ar pela abertura no topo da cabeça*. Para fazer isso, você precisa visualizar um vapor branco, frio, pairando logo acima dessa abertura. Ao inspirar o ar, o vapor é tragado para dentro da abertura. Imagine o vapor branco percorrendo lentamente toda a extensão da espinha.

Esteja atento à sua espinha terminando no assento firme. Quando o vapor branco alcança o extremo da espinha dorsal, ele sai pela espinha dorsal a modo de tubo e preenche a ampla cavidade em que a base da espinha se apóia no assento.

Ao exalar o ar, imagine o vapor sendo tragado para dentro da espinha dorsal como um tubo e se movendo lentamente para cima, até que ultrapasse a sua cabeça na abertura. Haverá certa hesitação até o momento em que você respira de novo.

Na vez seguinte em que inspirar, procure sentir a temperatura fria do vapor branco e visualize-o percorrendo a espinha dorsal. Sinta essa friagem concentrar-se na cavidade da base da espinha.

Depois de cerca de trinta segundos, a base da sua espinha deverá transmitir-lhe a sensação de frio enquanto, a um só tempo, é possível que você transpire no couro cabeludo ou na testa. *Isso não só é normal mas desejável*. Enquanto você continua a respirar, sinta o ritmo da sua respiração, o fluxo contínuo e sem fim de ar subindo e descendo pela sua espinha.

Se for possível, visualize o vapor branco descendo pela espinha de vértebra a vértebra. Imagine a visão da parte lateral da coluna, o vapor branco descendo por cada vértebra e refazendo o caminho. Você terá a sensação de que a espinha dorsal relaxa. Não se surpreenda se você se sentir com a cabeça "nas nuvens", ou "leve". Independentemente do que sinta, *você não deverá sentir a existência de nenhuma parte da sua anatomia além da que se acha entre o topo da sua cabeça e o assento.* Por ser um exercício de relaxamento e sensibilização, não há nenhum limite de tempo máximo ou mínimo.

Termine o exercício desta forma. Em sua exalação final, visualize o vapor branco acima da cabeça, dispersando-se no ar até desaparecer. Sua respiração seguinte deverá ser *feita conscientemente pelo nariz.* Inspire o ar, exale-o pela boca e abra os olhos lentamente. O principiante pode achar esse processo difícil no início, mas, com a prática, ele se tornará um instrumento precioso de relaxamento, realizado em pouco tempo e eficaz.

Pôr o Ki em Prática

Princípios Fundamentais

Você pode começar a pôr o seu ki em prática para si mesmo e para os outros a partir do momento em que estiver capacitado a ter acesso a ele. Os exercícios de treinamento deveriam ser repetidos regularmente para fortalecer e aguçar o seu ki, bem como para relaxar e sensibilizar o seu corpo. O procedimento usado para ter acesso ao ki faculta ao doador certo estado de relaxamento em que ele também é suscetível a receber o ki. O receptor comum (cônjuge, amigo, pai, criança e assim por diante) não pratica nenhuma técnica de relaxamento antes de receber o ki. O doador, portanto, deve sempre ajudar o receptor a relaxar antes de pôr em prática o ki. *O relaxamento do receptor é essencial para a transmissão eficaz do ki.*

O relaxamento é relativo. Algumas pessoas mal conseguem relaxar, ao passo que outras podem ser facilmente induzidas ao estado de repouso. Não há nenhuma regra para isso. Existem, contudo, certas diretrizes úteis para seguir. *O procedimento e as diretrizes dados aqui devem ser usados no começo de qualquer sessão de tratamento que se valha do ki.* Tentar saltar diretamente para o tratamento, deixando de lado esse procedimento, não raro resulta em tempo e esforço perdidos.

Como Fazer com que o Receptor Relaxe

O receptor deve deitar-se de bruços, os braços esticados ao longo do corpo. A cabeça deve-se apoiar sobre a bochecha esquerda, voltada à direita. É possível ficar com o rosto voltado para a frente, enquanto a cabeça repousa no queixo, mas essa posição é um tanto difícil. O doador fica à esquerda do receptor, isto é, a mão esquerda do doador apóia-se na cabeça do receptor e a direita na parte inferior das costas. No Japão, tanto o doador como o receptor ficam no chão. O receptor por vezes se deita sobre uma toalha felpuda. O doador se senta, os joelhos tocando ligeiramente o braço esquerdo do receptor.

Aos que possuem uma mesa para massagem, o doador pode realizar esse procedimento de pé. O receptor deita-se na mesa, do modo como foi descrito, e o doador posta-se ao lado esquerdo. A maioria das pessoas provavelmente achará que usar a cama é o mais conveniente para o tratamento.

O receptor deita-se na beira da cama. É mais aconselhável uma cama com um colchão firme. O doador puxa para perto da cama uma cadeira sem espaldar ou um banco baixo. O procedimento também pode ser realizado com o doador sentado na beira esquerda da cama.

Agora, você está pronto para começar. O receptor deve fechar os olhos tranqüilamente. As instruções que se seguem são destinadas apenas ao doador. *Mantenha os olhos abertos durante todo o processo.* Com as mãos confortavelmente apoiadas no colo ou pendendo livres nos lados do corpo, observe por trinta segundos a respiração do receptor. Ela certamente será curta e um tanto rápida. Erga as mãos acima da espinha do receptor, com as palmas voltadas para baixo. A sensação que terá será a de como se você estivesse prestes a tocar piano (figura 14). A mão esquerda deve estar cerca de *dez ou quinze centímetros* abaixo do pescoço. A mão direita deve ser posta na parte inferior da espinha, logo acima da cintura.

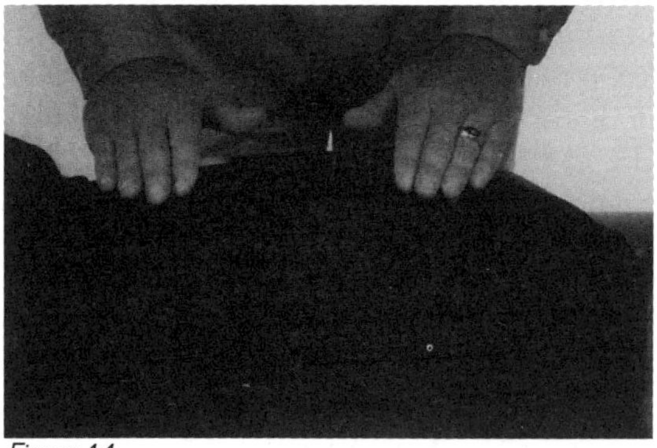

Figura 14

Com as mãos suspensas no ar (e ainda observando a respiração do receptor) *inspire profundamente pelo nariz e expire lentamente o ar através das palmas das mãos.* Continue inspirando dessa forma até o final do procedimento.

Não é necessário estar consciente dessa respiração ou que ela se torne natural. Importa mais estar consciente da respiração do receptor e do estado de relaxamento. Sua respiração será mais lenta do que a do receptor. Quando você perceber que o receptor alcançou o máximo de sua inspiração (em outras palavras, quando os pulmões estiverem totalmente expandidos), baixe calmamente as mãos até tocar a espinha do receptor nos pontos indicados anteriormente (figura 15). Sinta as mãos subindo e descendo à proporção que as costas se dilatam e contraem.

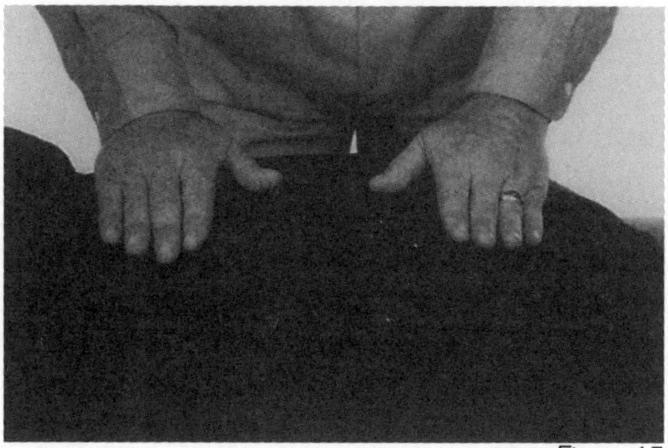

Figura 15

Procure pôr em sincronia uma de suas expirações com uma expiração do receptor. *À proporção que o receptor começa a expirar, comece também a expirar e a transmitir o ki de ambas as palmas diretamente para a espinha dorsal do receptor.* Você não precisa sincronizar a velocidade da sua expiração. Expire tão lentamente quanto lhe for agradável. (Lembre-se de que o ki é transmitido continuamente, não só na expiração.)

O principiante talvez queira repetir interiormente uma frase positiva tal como "Estou enviando ki para a espinha dele", "O ki está saindo de minhas mãos durante todo o tempo", ou "O meu ki está fluindo para a espinha dele". Em menos de um minuto, a respiração do receptor ficará mais lenta e profunda.

Continue a transmitir o ki para a espinha por um período de trinta a sessenta segundos. Quando sentir que a respiração do receptor tornou-se lenta ao máximo (contínua e rítmica), sincronize uma expiração com o receptor.

No auge da respiração interior do receptor (quando os pulmões estão inteiramente dilatados), comece a sua expiração, fazendo-a coincidir com a do receptor. *Conscientemente, envie seu ki para a espinha do receptor.*

Ao exalar todo o ar, afaste calmamente as mãos das costas do receptor à medida que inspira. Coloque-as no colo ou deixe-as pender nos lados do corpo. *Agora o receptor está pronto para o tratamento.*

Com a prática, você deverá ser capaz de levar o paciente a relaxar em cerca de um minuto. Evidentemente, quanto mais você prolongar o procedimento, maior será o relaxamento. Essa é uma técnica que transmite calma e induz ao relaxamento, e ela pode ser considerada um expediente a mais para as outras técnicas descritas anteriormente.

Os Tratamentos

As que se seguem são técnicas para usar o ki a fim de aliviar muitas dores a que o nosso corpo está sujeito. É bom lembrar que muitas delas não requerem receitas específicas para tratamento, mas podem ser tratadas direta-

Referência para Localizar os Pontos

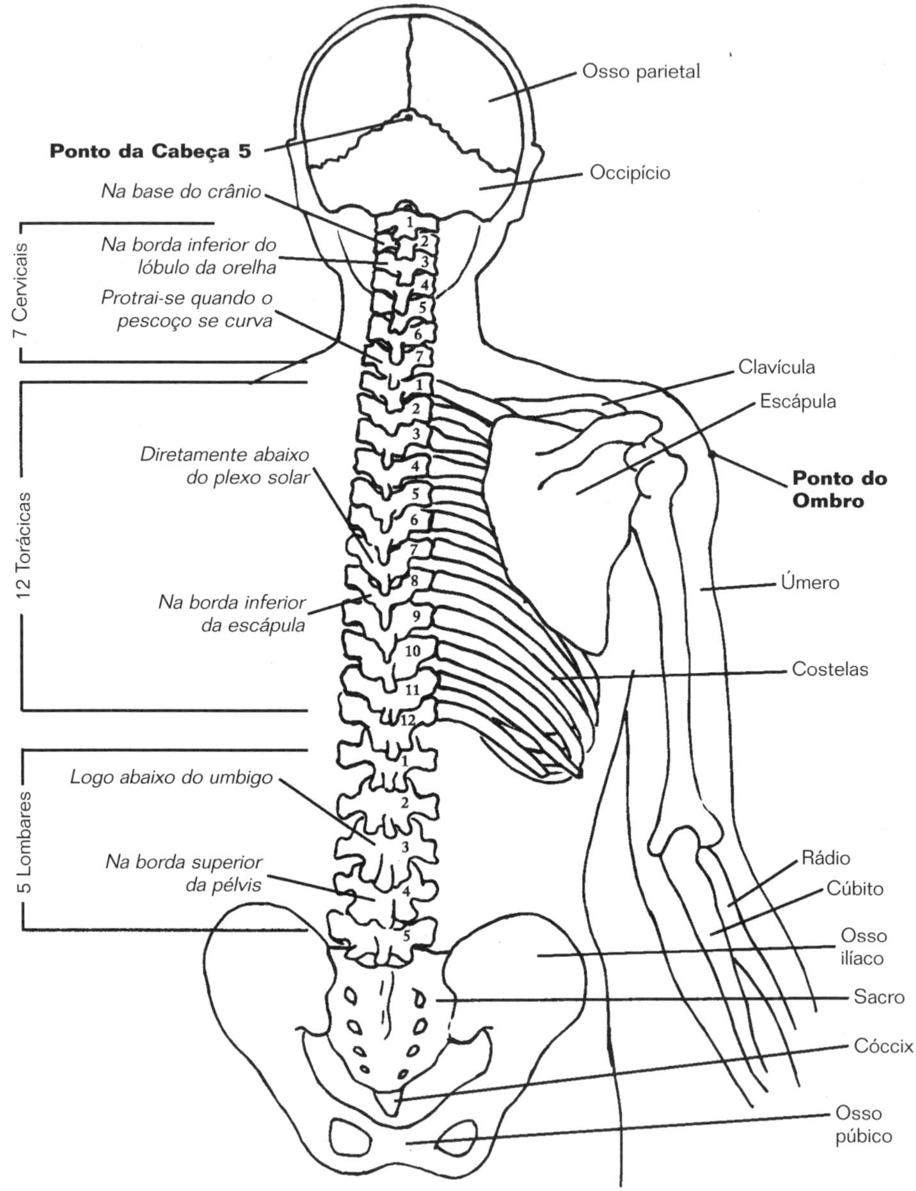

Ponto da Cabeça 2 — Ficando de pé e por trás do receptor, coloque os dedos indicador e médio de ambas as mãos sobre as têmporas do receptor. Mexa os dedos ligeiramente para cima e para os lados, até encontrar uma pequena depressão, em ambos os lados. Esses são os pontos.

Ponto da Cabeça 5 — Está localizado entre as ramificações das suturas da cabeça (as linhas formadas pela junção dos ossos cranianos). Para encontrálas, trace uma linha em torno da cabeça, começando do topo da sobrancelha. No centro da parte de trás da cabeça, você sentirá um ponto achatado do tamanho de uma moedinha. Você também pode localizar esse ponto traçando delicadamente com os polegares a linha das suturas. Logo abaixo do ponto em que elas se encontram está o Ponto da Cabeça 5.

Ponto do Ombro — Está localizado nos dois ombros, cinco ou seis centímetros abaixo do ponto mais alto deles. O ombro se arredonda, e o ponto está no centro do músculo arredondado.

Vértebra Cervical 2 (C2) — Para trabalhar com C2, coloque os polegares na base do crânio em ambos os lados da espinha, cerca de três centímetros da espinha em cada lado. Você sentirá uma depressão. Essa é mais fácil de sentir quando o queixo está erguido.

Vértebra Cervical 7 (C7) — Essa vértebra protrai-se quando o pescoço se inclina para a frente. Trata-se da última vértebra (do extremo sul) a se virar quando a pessoa volta a cabeça.

Vértebra Torácica 1 (T1) — É a primeira vértebra que não gira quando a pessoa volta a cabeça.

Vértebra Torácica 5 (T5) — Freqüentemente se protrai.

Vértebra Torácica 6 (T6) — É a que se encontra logo atrás do plexo solar.

Vértebra Torácica 7 (T7) — Está em alinhamento com a borda inferior da escápula.

Vértebra Torácica 11 (T11) — Em geral, está localizada no meio das costas, onde as costelas inferiores se ligam.

Vértebra Lombar 3 (L3) — Localiza-se logo atrás do umbigo e corresponde à cintura.

Vértebra Lombar 4 (L4) — Essa vértebra está alinhada com a borda superior da pélvis. Enquanto você está de pé, coloque os polegares no alto da sua pélvis e trace uma linha reta até a sua espinha. Você encontrará a L4. É possível fazer isso também com o receptor, deitado de bruços.

Sacro — Estende-se desde a parte de baixo da L5 até o alto do sulco entre as nádegas.

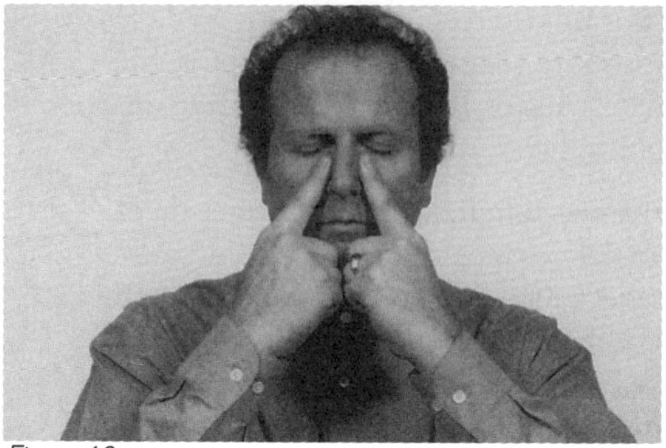

Figura 16

mente. Se a pessoa sente dor no braço, você pode pôr o dedo ou a mão no local e transmitir-lhe o ki. Cortes e escoriações cicatrizarão mais rapidamente se o ki for aplicado diretamente neles. Se a pessoa tem dor de ouvido, cubra as orelhas da pessoa com a mão e transmita-lhe o ki. Se você tem algum problema no nariz, ponha os indicadores ao longo dele no cavalete do nariz e irradie o ki (figura 16).

Não tenha medo de improvisar, com você mesmo e com os outros. Quando você aplica o ki diretamente, talvez queira repetir interiormente um pensamento positivo, tal como "O meu ki está aliviando a dor dessa pessoa", "Estou enviando a energia de cura do ki diretamente para a região que apresenta dor", ou "O meu ki está contribuindo para acabar com a dor dessa pessoa". Esse tipo de pensamento positivo é benéfico para o doador e o receptor quando se usa o ki com vistas à conservação da saúde e à cura.

A Aplicação Direta do Ki

O modo como você aplica o ki depende do tamanho e do local da área tratada. Basicamente, há três modos de doar o ki: por meio dos dedos, da palma das mãos e da área circular na base do indicador.

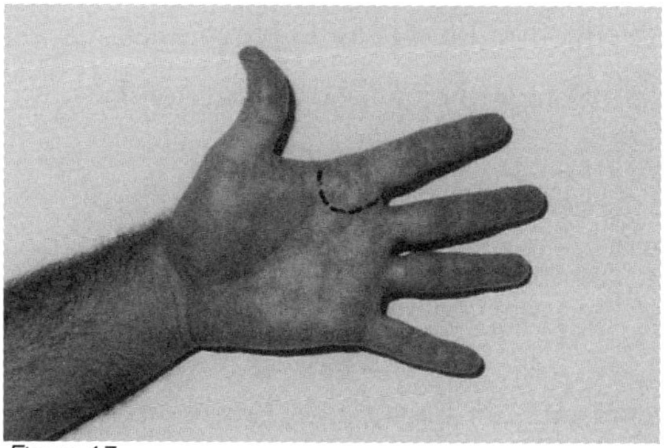

Figura 17

Sinta a parte superior da palma da sua mão logo abaixo do indicador. Ali você sente um osso arredondado. Esse osso é o centro de uma pequena área circular (figura 17) altamente eficaz para transmitir o ki. Para os objetivos deste livro, chamarei essa área de o "coração" da mão. Ela deverá ser usada antes das outras duas partes da mão sempre que possível.

Toda vez que você transferir o ki, certifique-se de começar e terminar com a expiração. Na maioria dos casos, o ponto a que você está transmitindo o ki começará a ficar morno. Isso às vezes dará a impressão de que o ponto está absorvendo o seu ki, quase sugando-o.

Em um ou dois minutos, a sensação de calor chegará ao máximo e a região começará a esfriar. Também depois de mais um minuto, essa mesma região dará a impressão de estar um pouco fria. Isso significa que o ponto *absorveu todo o ki possível.* Então, será inútil transmitir mais ki. Termine esse procedimento com uma expiração, e aguarde umas horas antes de doar mais ki.

O ki muitas vezes acabará com a dor; contudo, é melhor considerar que o seu ki primeiramente aliviará a dor em certo grau e continuará a exercer sua influência dentro do ponto. Lembre-se de que a cura com o ki é como cozinhar num forno microondas — o processo tem curso num nível molecular, depois que a corrente foi interrompida.

Tratamentos com o Ki para Problemas Específicos

Dor nas Costas

Pescoço e Parte Superior das Costas

Enrijecimento no pescoço e tensão na parte superior das costas por vezes são sinais de *stress*, até angústia. Para aliviar a dor causada por essa tensão, o cérebro deve primeiramente estar relaxado.

O receptor senta-se num banco para que seus pés fiquem firmemente plantados no chão. Os braços devem estar totalmente relaxados, ou pousados no colo ou pendendo nas laterais do corpo. Os olhos do paciente devem estar fechados sem estar tensos. O doador se posta atrás do receptor. Existem suturas na cabeça; sua forma, em geral, se parece com um Y invertido. As suturas se localizam cinco centímetros abaixo do topo da cabeça na maioria das pessoas. Há um ponto achatado onde as pontas do Y começam a se ramificar (ver Referência para Localizar os Pontos, páginas 42 e 43). Esse ponto é do tamanho de uma pequena moeda. Na maioria das pessoas, pode ser coberto pelo polegar (figura 18). O ponto é chamado de Ponto da Cabeça 5.

O doador coloca o centro da palma da mão direita sobre esse ponto. Deslocando-se para o lado do corpo do receptor, o doador coloca o centro da palma da mão esquerda sobre a região central da testa à altura da linha do cabelo. Esse é chamado de Ponto da Cabeça 1. Comece a transmitir ki para a cabeça, através da parte central das mãos (figura 19). A princípio, a cabeça dará mostras de certa resistência mas, depois de alguns momentos, as mãos darão a impressão de estar mornas e depois quentes. Continue a doar ki até que o calor diminua, ou por um período de três minutos. *Afaste as mãos lentamente*. Não faça movimentos bruscos.

A seguir, o doador posta-se atrás do receptor. Com ambos os polegares, o doador encontra a sétima vértebra cervical (C7), localizada na junção do pescoço com o corpo e comumente saliente. Esta é a última vértebra que se move quando o pescoço gira.

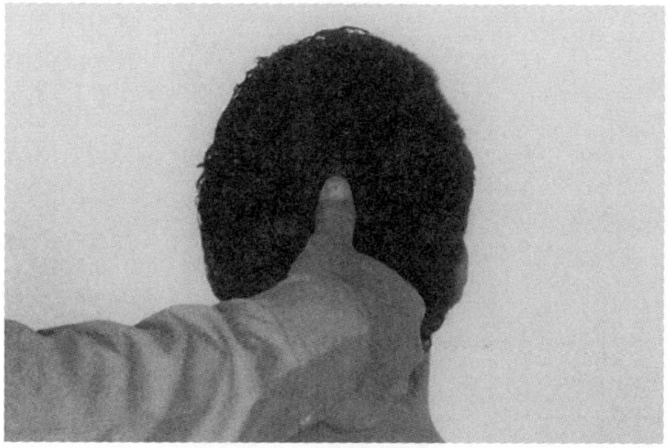

Figura 18

Apoiando ambos os polegares na C7, faça com que cada polegar deslize pelo plano do ombro numa distância equivalente ao espaço de três polegares. Que eles fiquem separados por um espaço de dez a quinze centímetros. Concentre um pouco de peso nos polegares (figura 20). Você sentirá duas depressões, ou "covinhas", sob os polegares. Transmita ki para o corpo através dos polegares. Imagine o ki atravessando o corpo em linha reta.

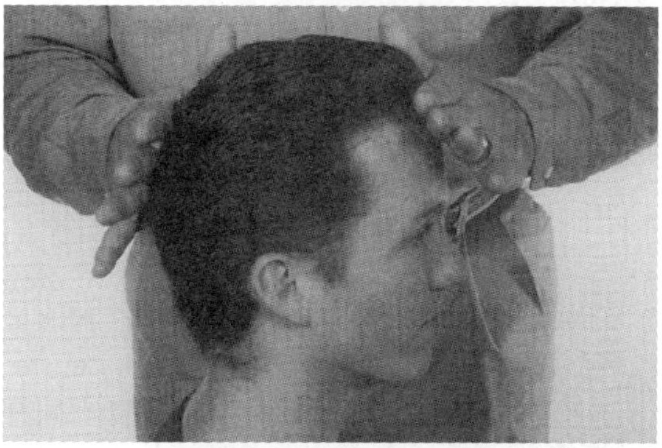

Figura 19

Você deverá sentir o relaxamento na parte superior das costas dentro de dois minutos, como acontece com a maioria das pessoas. Nas pessoas muito tensas, essas depressões e "covinhas" não são sentidas distintamente. Irradie o ki para o corpo através dos polegares durante cerca de quatro minutos.

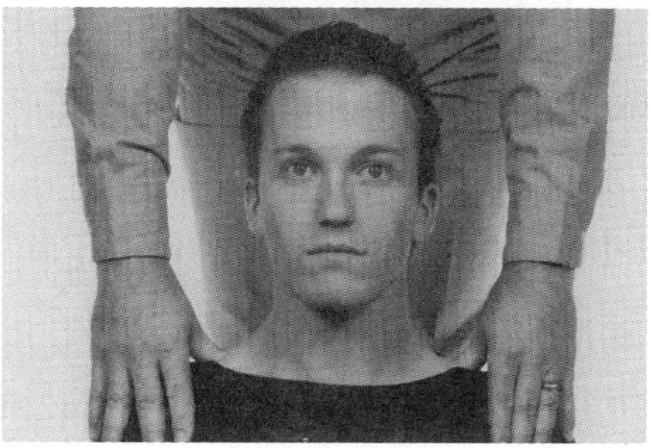

Figura 20

Para encerrar esse procedimento, concentre todo o seu peso nos polegares nos últimos dez segundos e *então, brusca e rapidamente, retire os polegares ao término de sua última exalação.*

Peça ao receptor para mostrar especificamente onde se concentra a dor ou a rigidez maior. Se a área for muito pequena, use o centro da palma da mão;

se for grande, toda a palma. Transmita o ki diretamente para esse ponto durante três minutos. *Retire as mãos lentamente.*

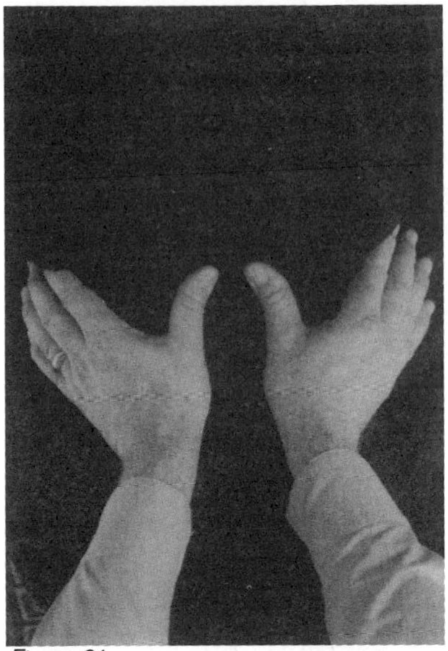

Figura 21

Parte Inferior das Costas

Peça ao receptor que se deite no chão, mantendo o corpo na posição correta. Afaste uma da outra as pernas do receptor. Contornando a linha da cintura, ponha os polegares bem sobre cada lado da terceira vértebra lombar (L3). Com igual peso sobre os polegares, transmita o ki ao corpo durante dois minutos (figura 21).

Nos dez segundos finais, concentre todo o peso nos polegares e exale, o que fará com que o receptor também exale o ar. No momento da exalação final do doador e do receptor, solte os polegares brusca e rapidamente. Faça-os deslizar até L4 e repita o procedimento.

Figura 22

Sente-se ao lado do receptor, à esquerda, ponha a mão direita sobre o sacro de modo que o centro da sua mão fique sobre o centro do sacro (figura 22).

Irradie o ki para o sacro durante dois ou três minutos. *Retire as mãos lentamente.* Pergunte ao receptor sobre a localização específica da área que apresenta mais dor. Colocando a mão sobre ela, transmita o ki enquanto o ponto der a impressão de estar morno, mas não mais do que cinco minutos. *Retire a mão lentamente.*

Incontinência Urinária

Para a cura da incontinência urinária, use regularmente os seguintes procedimentos. O receptor deita-se com a cabeça voltada para um dos lados. Sente-se onde for mais confortável e coloque a palma da mão diretamente sobre o topo da cabeça do receptor (figura 23). Irradie o ki para esse ponto durante dois ou três minutos. *Retire a mão lentamente.*

No caso da incontinência urinária, a primeira e a segunda vértebras lombares amiúde estão muito juntas. Podem até apresentar dor. Você pode achar essas vértebras localizando L3 (ver Referência para Localizar os Pontos, páginas 42 e 43). Ponha a mão sobre elas e transmita o ki com toda a palma da mão durante três a quatro minutos. *Retire a mão lentamente.*

Se tiver certeza de que encontrou L1 e L2, afaste uma da outra as pernas do receptor e coloque os polegares sobre cada lado da L1 (figura 24). Faça pressão, transmitindo o ki por dois minutos, e depois passe para a L2 e repita o processo.

Na exalação final em cada vértebra, faça bastante pressão e solte os polegares depressa e de repente no término da exalação.

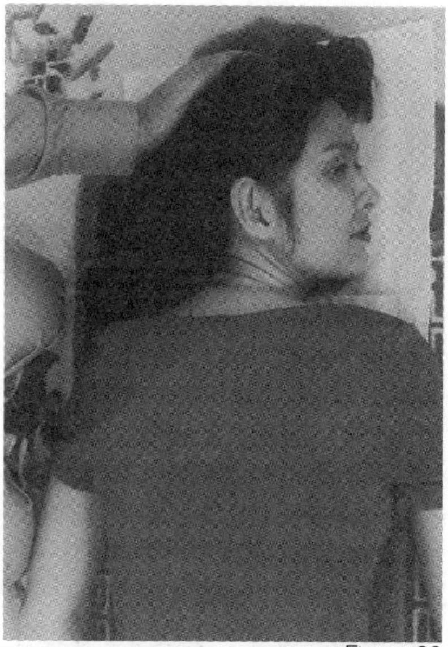

Figura 23

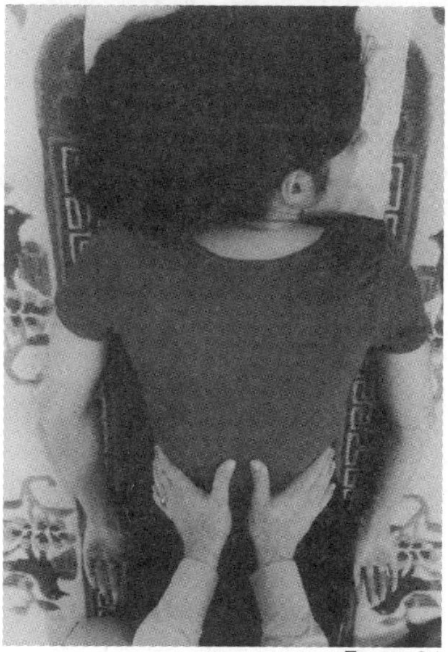

Figura 24

Comportamento Compulsivo

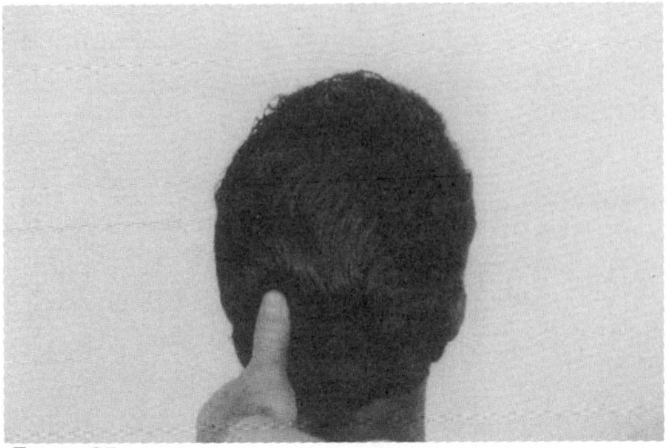

Figura 25

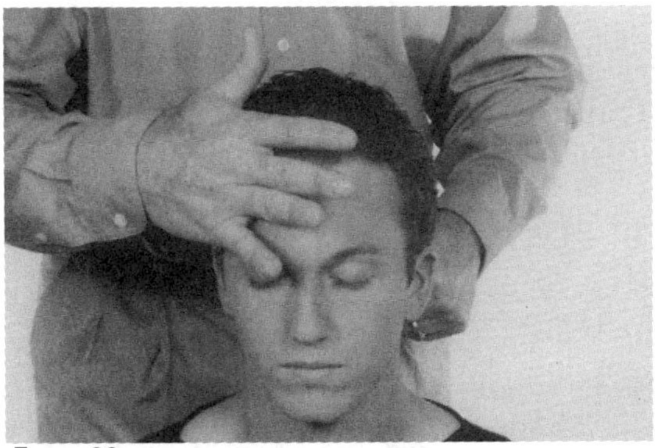

Figura 26

Esse procedimento, quando seguido regularmente, poderá refrear ou até curar hábitos nocivos e viciosos relacionados com o tabaco, a bebida e a comida. O receptor se senta confortavelmente, os olhos fechados. O doador se senta logo atrás. O doador localiza o Ponto Cabeça 5. Mova o polegar esquerdo lentamente para a esquerda desde o centro do ponto até que todo o polegar fique fora do ponto. Abaixe o polegar numa distância equivalente ao seu tamanho (figura 25). Comece a transmitir o ki para esse ponto com o polegar esquerdo. Coloque a mão direita sobre o lado direito da fronte, na linha do cabelo (figura 26).

Você deverá sentir o ki atravessando-o a partir do seu polegar. Se não sentir, faça a mão direita deslizar lentamente pelo lado direito da fronte ou até o couro cabeludo, até você localizar o ki. Então, conserve a mão nesse lugar. Continue transmitindo o ki para o polegar esquerdo durante quatro a cinco minutos. *Retire as mãos lenta e delicadamente ao exalar o ar pela última vez.*

Constipação

Faça o receptor deitar-se no chão ou numa mesa de massagem. Sentado ou de pé, por trás do receptor, ponha a mão direita sobre a parte de trás do joelho esquerdo dele, do modo como lhe parecer mais confortável (figura 27). Transmita o ki para o ponto através do centro da palma da mão por cerca de três minutos. *Retire a mão lentamente.*

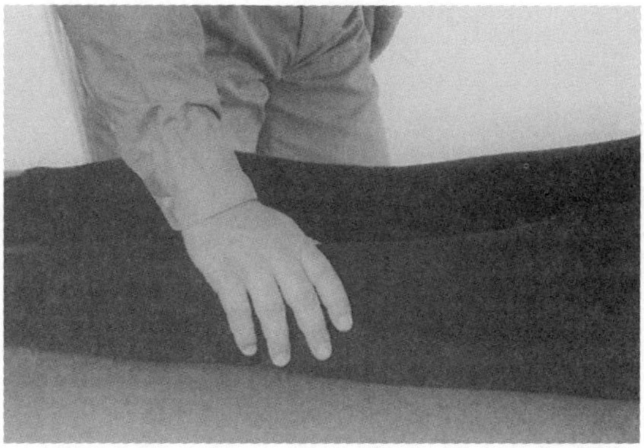

Figura 27

Fique de pé ou se sente à esquerda do receptor. Coloque a mão sobre a espinha dele, no centro das costas, cerca de cinco centímetros abaixo da T7 (figura 28). Isso deverá corresponder à nona e décima vértebras torácicas (T9 e T10). Irradie o ki a essa área com toda a mão por trinta segundos, e depois baixe a mão lentamente, numa distância equivalente ao seu tamanho, e transmita o ki por um minuto. Baixe a mão de novo, repetindo o procedimento, até alcançar a L3, que está na linha do quadril. Irradie o ki para L3 na linha da cintura. Irradie o ki para a L3 por um minuto. *Retire a mão lentamente.*

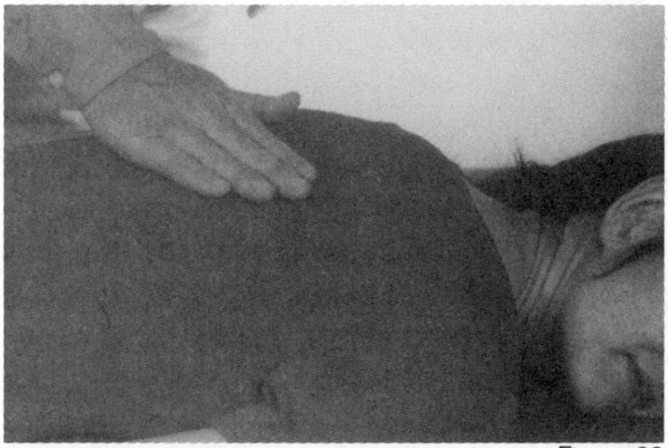

Figura 28

Faça o receptor virar-se. Sentado ou de pé à direita dele, coloque a mão direita de modo que a parte inferior do polegar esteja sobre o umbigo e o restante da mão abaixo e à esquerda do umbigo (figura 29). Transmita o ki para esse ponto por dois minutos. *Retire a mão lentamente.*

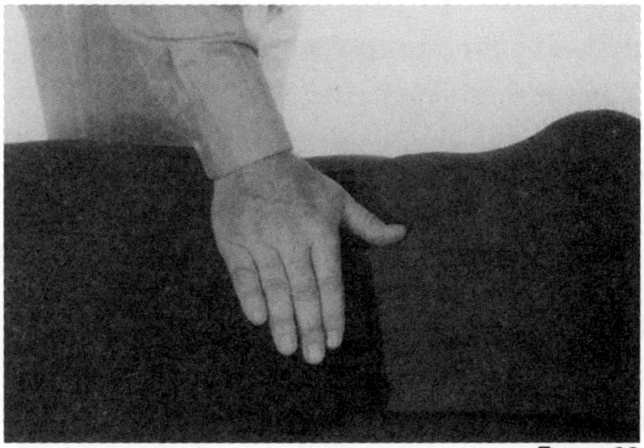

Figura 29

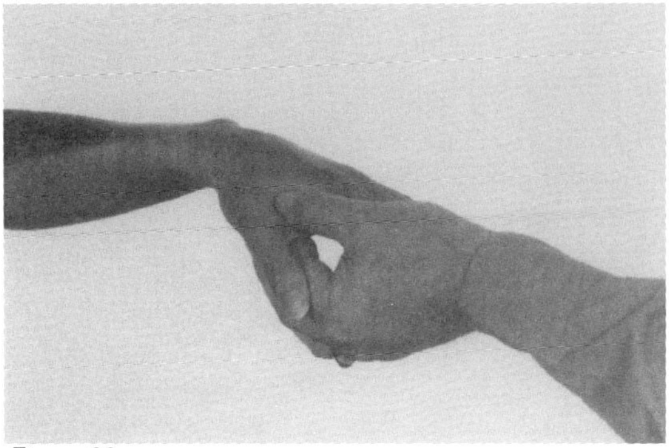

Figura 30

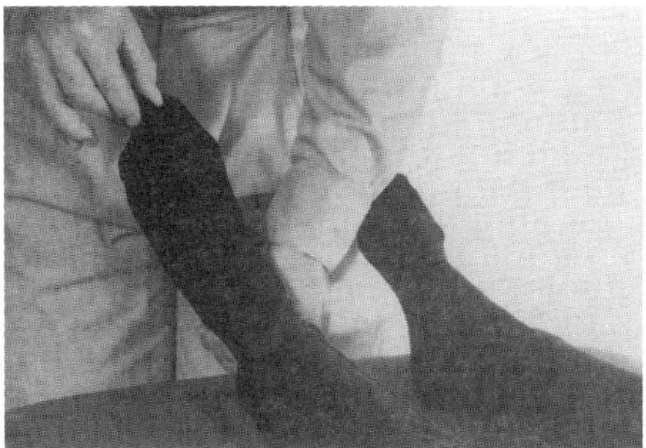

Figura 31

Figura 32

Digestão

Para pessoas com estômago fraco ou com problemas, convém fazer o seguinte. Observe o dorso das mãos do receptor, na parte entre o indicador e o polegar. Uma deve parecer maior ou mais redonda do que a outra. Segure delicadamente esse ponto entre o seu polegar e indicador, e transmita o ki por dois ou três minutos (figura 30). *Retire os dedos delicadamente.*

Faça o receptor deitar-se de costas. Passe aos pés do receptor. Pegue o calcanhar esquerdo do receptor e levante-o um pouco com o braço esquerdo. Segure o segundo dedo do pé pela ponta, com o polegar e o indicador (figura 31). O polegar deverá estar sobre o lado esquerdo do dedo do pé do doador. Transmita o ki para esse dedo através do polegar. Às vezes há uma reação, tal como o som do estômago "roncando". Continue por dois ou três minutos. *Retire os dedos delicadamente.*

O receptor, ainda de costas, flexiona a perna esquerda, colocando a planta do pé esquerdo no chão (figura 32). Passe para a lateral do corpo do receptor e envie o ki com toda a palma da mão para a parte exterior esquerda da canela da perna, do joelho até o tornozelo.

Trabalhe lentamente pelo lado de fora da canela, transmitindo o ki por um minuto a cada ponto. *Retire a mão delicadamente.*

Dor no Cotovelo

Este método é particularmente eficaz para tratar dores relacionadas com esportes. O receptor se senta ou fica de pé. É importante que ele deixe o braço de todo relaxado. Não deve haver a mínima tensão no braço. O doador toma o braço pelo pulso e o puxa para si, com a palma da mão do receptor voltada para cima (figura 33). Com o outro braço, o doador coloca o polegar e o dedo médio logo abaixo da parte exterior do cotovelo no antebraço (figura 34). Haverá duas cavidades bem atrás do osso. Transmita o ki para o cotovelo através do polegar e dedo médio do receptor por três minutos. *Na exalação final, solte o cotovelo brusca e rapidamente, mas continue segurando o pulso.* Abaixe o pulso até que penda na lateral do corpo do receptor.

Figura 33

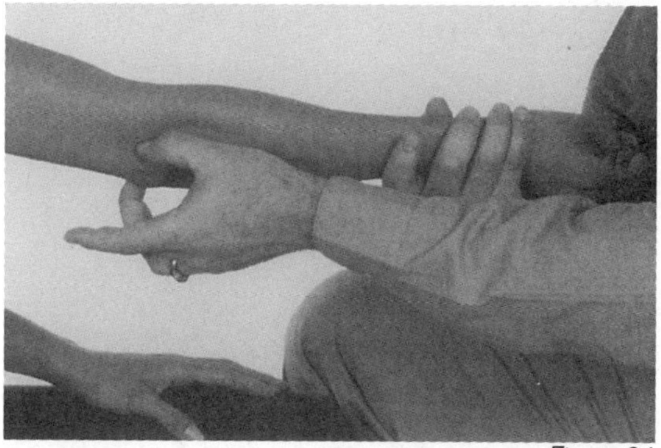

Figura 34

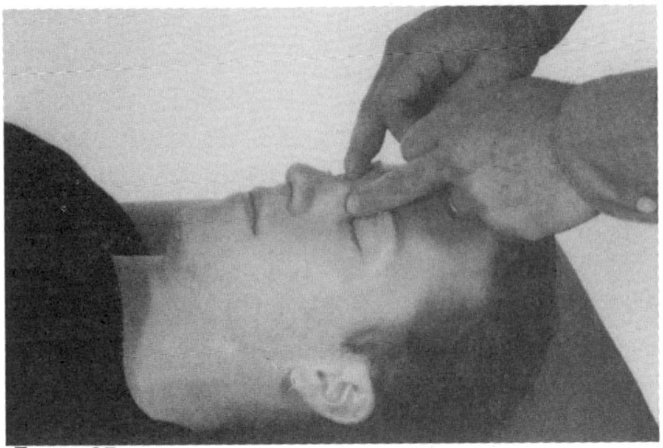

Figura 35

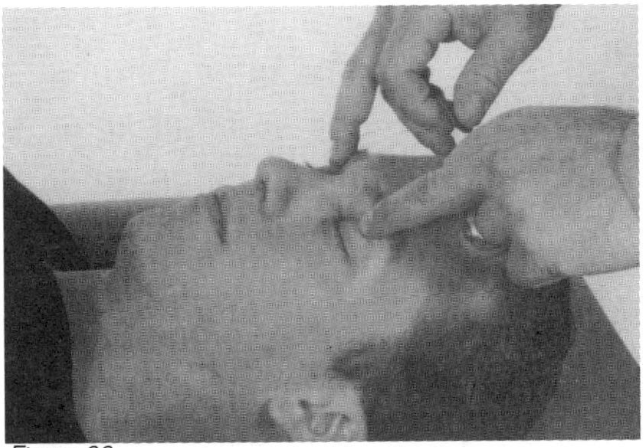

Figura 36

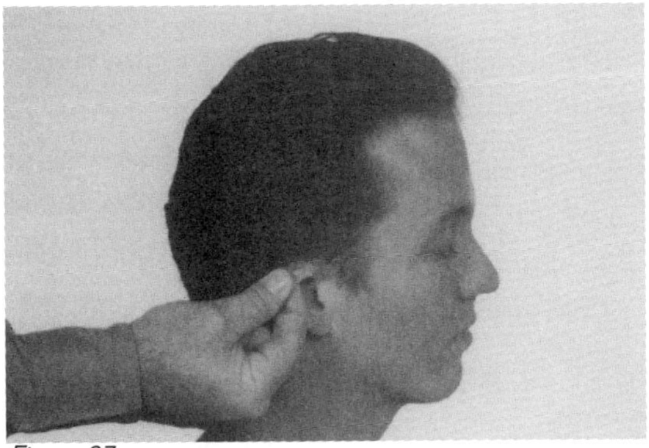

Figura 37

Vista Cansada

O receptor deverá deitar-se com o rosto voltado para cima. O doador senta-se ou fica de pé à sua cabeceira. Coloque os polegares ou os dedos médios (o que for mais condizente com a sua sensibilidade e bem-estar) no canto dos olhos do receptor, ao lado do nariz (figura 35). Você sentirá certo inchaço duro e minúsculo em ambos os lados, como um grão de areia. Concentre o ki nos dedos e deixe-os nesses pontos por dois minutos. Depois disso, faça que os dedos deslizem lentamente ao longo do topo das órbitas dos olhos logo abaixo das sobrancelhas, transmitindo ki à proporção que se desloca (figura 36). Quando alcançar o final da órbita superior do olho, *retire a mão rapidamente*. Repita o procedimento.

O problema da vista cansada há muito tempo pode ser percebido pressionando-se as orelhas. O receptor senta-se confortavelmente. O doador pega a ponta do orelha entre o polegar e o indicador (figura 37). Pressione delicadamente, acompanhando a curva natural da orelha. *Não puxe a orelha.* Se ela estiver enrijecida ou apresentar dor, ou se o receptor teve a visão embaçada ou viu pontinhos, o doador deverá apertar delicadamente a orelha acompanhando o seu sentido natural e irradiando o ki ao mesmo tempo. Trabalhe lentamente, descendo do topo da orelha até o lóbulo. *Solte a orelha rapidamente de cada vez.*

É importante pressionar a orelha delicadamente na primeira vez. Esse procedimento deverá ser feito duas vezes, mas de maneira mais firme na segunda.

Fadiga

A fadiga pode ocorrer em função de um sem-número de causas, incluindo regime alimentar deficiente e sono irregular; contudo, os três procedimentos seguintes são benéficos para aliviar certa sensação de fadiga. No final desses procedimentos, é possível que o receptor se sinta cansado e sonolento. Essa sensação não deve ser confundida com a fadiga. Trata-se de relaxamento. Certa sensação de relaxamento acompanhada de bocejos confirma que se trata de relaxamento; a fadiga não produz bocejos.

O receptor senta-se confortavelmente numa cadeira sem espaldar, o doador fica atrás dele. Este coloca o indicador e o dedo médio de cada uma das mãos sobre as têmporas do receptor (figura 38). Ao deslocar os dedos delicada e lentamente direto para o topo da cabeça, você encontrará um sulco no crânio em ambos os lados da cabeça. Deixe os dedos pousados nessa região. Esses são os assim chamados Pontos da Cabeça 2.

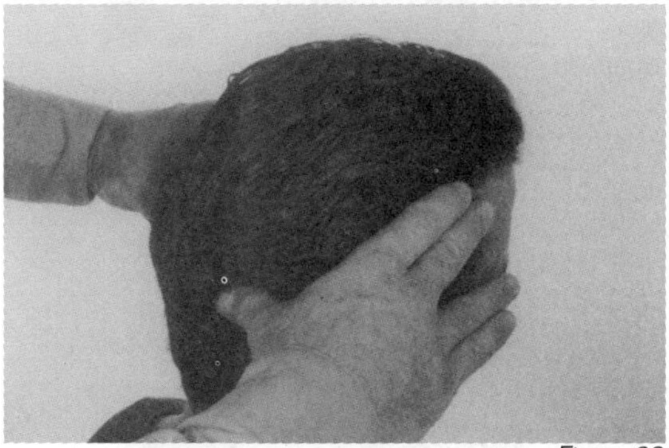

Figura 38

Para dar apoio a esses dedos, coloque os polegares delicadamente atrás do crânio. Transmita o ki aos Pontos da Cabeça 2 com os indicadores e os dedos médios por um período de três a cinco minutos. O corpo de alguns receptores pode começar a se mexer; *essa é uma reação natural ao ki que entra nesse ponto.* O movimento terminará quando você parar de doar o ki. Da mesma forma, alguns receptores começarão a bocejar, às vezes de maneira acentuada. Isso, também, é uma reação natural. Quando tiver terminado de transmitir o ki, afaste as mãos lentamente.

O receptor então se deita com a cabeça voltada para o chão. O doador fica à esquerda do receptor. Coloque a palma da mão direita sobre o sacro do receptor e irradie o ki durante dois minutos. *Afaste a mão rapidamente no final da última exalação.*

O receptor continua deitado nessa posição. O doador fica junto aos pés do receptor e coloca uma das mãos sobre cada tendão de Aquiles. Concentre o ki em ambas as mãos. Um lado deverá reagir (ficando mais quente) mais depressa do que o outro. Retire a mão e concentre-se em doar ki à perna com menos sensibilidade. Continue com o processo por dois minutos. Se as pernas derem igualmente sinais de sensibilidade, transmita o ki a elas por dois minutos. Afaste as mãos lentamente.

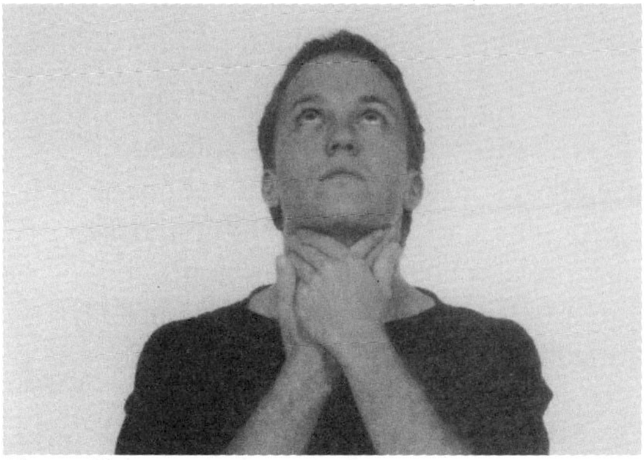

Figura 39

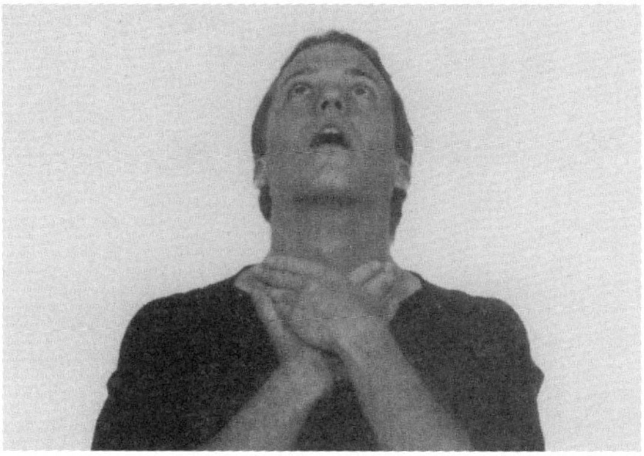

Figura 40

Queda de Cabelo

Esse procedimento não servirá para restituir o cabelo à pessoa; contudo, retardará ou até mesmo parará o processo de calvície. Não há nem doador nem receptor; a pessoa realiza esse procedimento por si mesma. De pé, erga ao máximo o queixo. Faça que as mãos se cruzem à altura da garganta, de modo que os seus dedos cubram o maxilar inferior (figura 39). Respire fundo e exale o ar ruidosamente pela boca aberta, fazendo vibrar as cordas vocais até produzir som. Enquanto faz isso, lentamente mova as mãos pelo pescoço, transmitindo-lhe o ki (figura 40). Pare quando chegar à base do pescoço. Repita esse procedimento por seis vezes, realizando sete respirações de cada vez. *Esse procedimento deverá ser feito duas vezes por semana.*

Dor de Cabeça

Dor de Cabeça Comum

O receptor deverá estar sentado confortavelmente. O doador posta-se atrás dele. Com as mãos em forma de concha, segure-as sobre o crânio do receptor (figura 41). Feche os olhos. Você deverá sentir o calor que vem de certos pontos do cérebro. Cubra esses pontos — ou ponto — com as mãos e irradie ki durante dois minutos. Afaste as mãos lentamente. Ainda de pé, por trás do receptor, coloque os dedos médios sobre o centro das órbitas dos olhos (figura 42). Transmita o ki para esses pontos por dois minutos. Afaste os dedos lentamente.

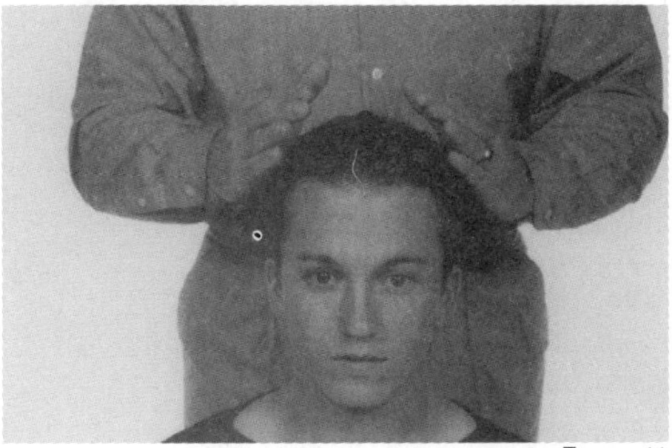

Figura 41

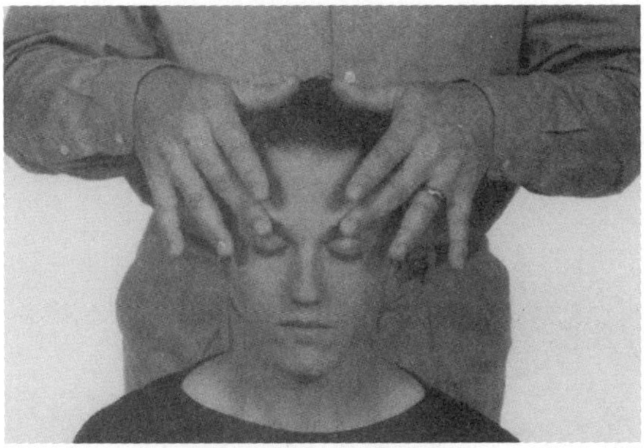

Figura 42

Enxaqueca

O receptor fica sentado confortavelmente, com os olhos fechados. O doador está por trás dele, porém posicionado mais abaixo do que o receptor. No caso da enxaqueca, o doador irradia o ki para a segunda vértebra cervical (C2). Na base do crânio, onde se volta para dentro do pescoço, acha-se uma concavidade ou depressão dos lados esquerdo e direito. Seus polegares encontrarão o lugar facilmente. Coloque os dedos nos pontos C2 (figura 43) e apóie os outros dedos confortavelmente nos lados da cabeça e da face do receptor (figura 44).

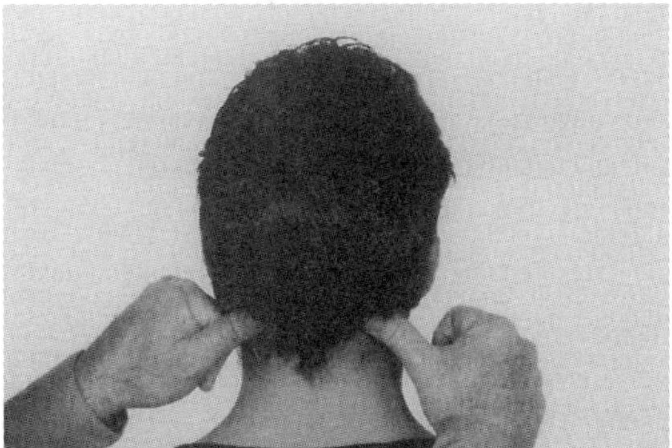

Figura 43

Concentre o ki em ambas as mãos. Depois de um minuto, você será capaz de sentir que um lado do pescoço está mais tenso do que o outro. Se você se sentir incapaz de perceber essa tensão, pergunte ao receptor que lado do

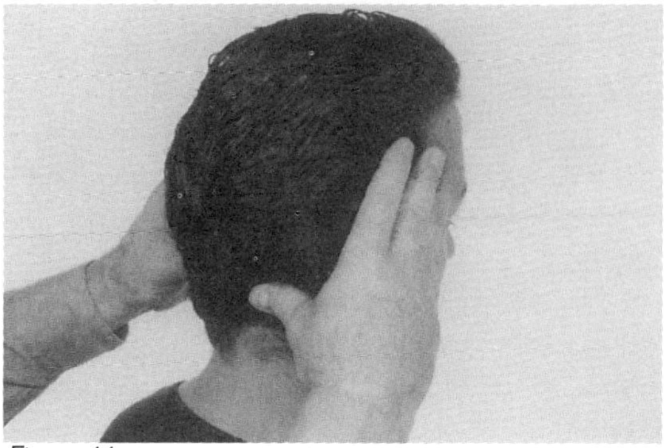
Figura 44

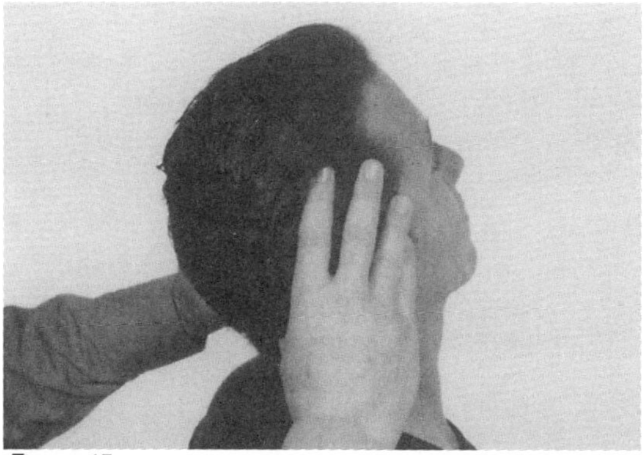
Figura 45

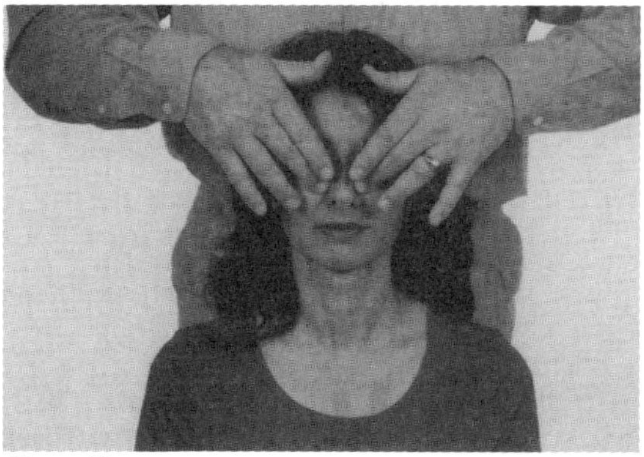
Figura 46

pescoço parece apresentar mais tensão. Se o receptor não puder responder, incline lentamente a cabeça dele para a esquerda, depois para a direita, e pergunte de novo. Um lado do pescoço apresentará mais tensão do que o outro.

Dependendo do lado em que estiver a tensão, incline a cabeça para a esquerda ou a direita, até que haja equilíbrio da tensão. Esse procedimento é bem importante; certifique-se de pedir ao receptor que o oriente se você se sentir inseguro quanto a tocá-lo.

Nessa posição, puxe para trás a cabeça do receptor de modo que o queixo se alteie. Seus polegares deverão insinuar-se pelas concavidades na base do crânio (figura 45). Peça ao receptor que abra bem os olhos e olhe tanto quanto possível para o alto. Concentre o ki em ambas as mãos, mantendo firme a pressão nos polegares. Continue transmitindo o ki por um minuto. Toda a espinha, sobretudo as vértebras lombares, ficará tensa. Depois de um minuto com essa tensão, *interrompa rapidamente a pressão dos polegares* e faça a cabeça voltar à posição normal. Continue transmitindo o ki por trinta segundos e afaste as mãos lentamente.

Algumas mulheres sentem enxaqueca concomitantemente à menstruação. Para aliviar essas enxaquecas, use os dedos médios a fim de transmitir ki para as partes laterais do nariz por três minutos (figura 46). Compressas quentes colocadas nas laterais do nariz também funcionarão, embora não tanto quanto o ki.

Rins

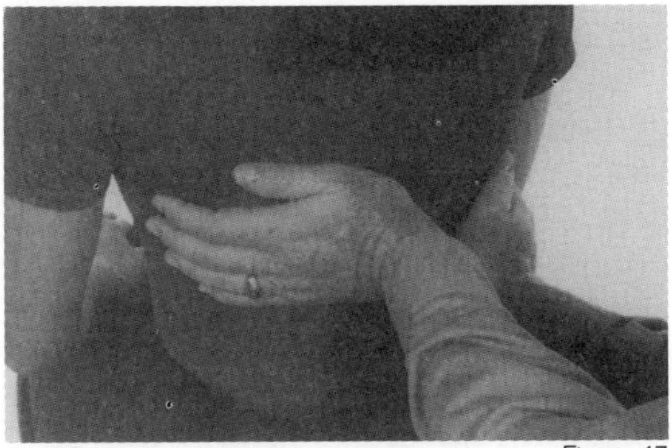
Figura 47

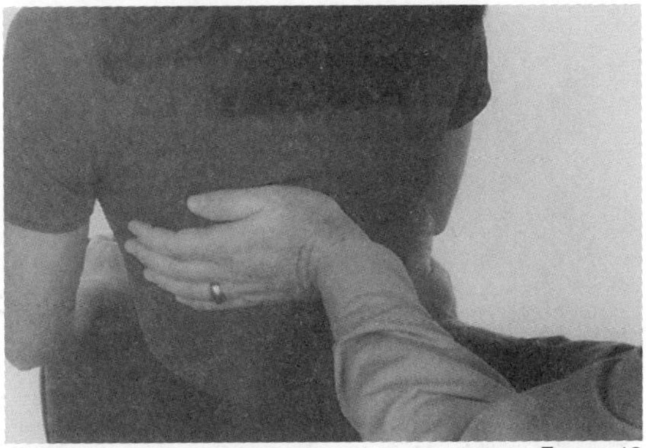
Figura 48

Esse procedimento é bom não apenas para deficiência ou disfunção dos rins, mas também para o tratamento de água nos pulmões.

O receptor está sentado confortavelmente numa cadeira sem espaldar. O doador senta-se logo atrás do receptor. Os rins se localizam debaixo das escápulas esquerda e direita, começando aproximadamente no nível da nona vértebra torácica. As palmas cobrem perfeitamente os rins.

Concentre o ki na palma das mãos e sinta se um ou ambos os rins reagem. Por vezes, uma das palmas das mãos ficará morna. Conserve a palma da mão sobre o outro rim *que não apresenta reação* e ponha a mão livre sobre o outro lado do corpo logo abaixo das costelas (figura 47).

Concentre a energia do ki durante dois minutos na mão que está livre. Você deverá sentir que a mão que está sobre o rim fica morna. Faça que a mão que está livre deslize pela lateral do corpo do receptor a uma distância equivalente à largura da mão (figura 48).

Concentre o ki em ambas as mãos por dois minutos. Faça a mão que está livre deslocar-se para baixo a uma distância equivalente à largura da mão e concentre o ki em ambas as mãos por dois minutos. Afaste lentamente ambas as mãos.

Na possibilidade de os rins esquerdo e direito darem a impressão de estar equilibrados logo no início, simplesmente irradie o ki diretamente para eles com ambas as mãos por cinco minutos.

A seguir, o receptor se deita com o rosto voltado contra o chão. O doador está posicionado nos pés do receptor. Pegando com a mão direita o pé direito do receptor, coloque o polegar num ponto a três ou cinco centímetros abaixo do quarto dedo do pé (figura 49). Esse ponto dará a sensação de uma ligeira depressão. Ponha a mão esquerda debaixo da direita e seu polegar esquerdo no topo do polegar direito. Concentre o ki nos polegares. Conscientemente, dirija o seu ki para os rins do receptor. Continue assim por três mi-

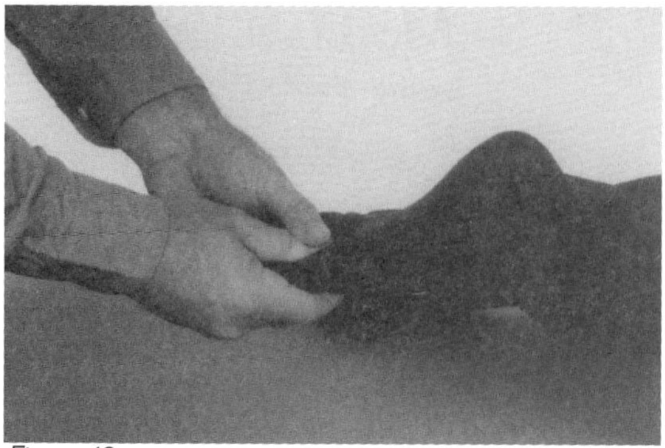

Figura 49

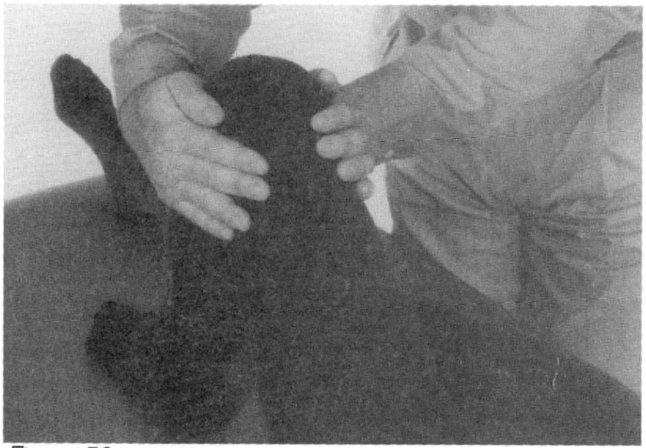

Figura 50

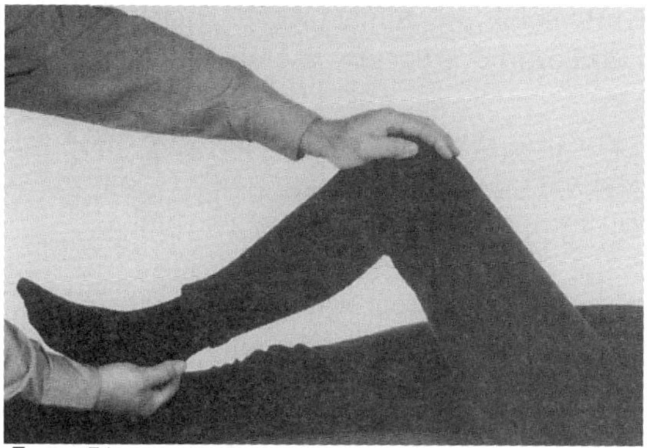

Figura 51

nutos e, depois, *afaste os polegares de repente ao término de sua exalação final*. Esse procedimento deverá ser realizado diariamente. Para problemas menores envolvendo os rins, faça com que o receptor se deite de bruços e irradie o ki diretamente para T11 por cinco minutos todos os dias.

Dor nos Joelhos

O receptor deita-se de costas e dobra o joelho que apresenta dor até que a planta do pé se apóie na cama. O doador se coloca ao lado do receptor e comprime ligeiramente o joelho com ambas as mãos (figura 50). Transmita o ki para o joelho com ambas as mãos por três minutos, recuando-as lentamente no final. Passe ao pé do paciente. Pegue o calcanhar da perna dobrada e, *firme e rapidamente*, puxe a perna (figura 51). Quando a perna estiver reta, coloque a mão que está livre sobre a rótula e transmita ki com toda a mão por dois minutos. Afaste a mão lentamente.

Problemas com a Menstruação

Este procedimento é bom para regular os períodos menstruais e para diminuir as cólicas e outras dores. Ouvi falar também que ele tem um efeito positivo quanto a aliviar os sintomas da síndrome pré-menstrual. Há dois ovários, mas só um funciona a cada mês. Os ovários trabalham alternadamente, um substituindo o outro. Há duas formas de averiguar qual ovário está funcionando num determinado mês. (Quando você descobre qual está funcionando, é fácil acompanhar a alternância.)

A primeira forma é perceber dores no seio. Um dos seios apresentará por vezes mais sensibilidade ou dor do que o outro depois da menstruação. Esse seio corresponde ao ovário em funcionamento. Se o seio esquerdo apresenta dor significa que o ovário esquerdo está em atividade. Na contingência de que seja difícil perceber qual apresenta mais sensibilidade ou dor, a mulher deverá deitar de costas, os braços estirados nas laterais. O doador, usando os dedos indicador, médio e anelar, exerce delicada pressão ao longo da base do seio, na região onde ele se encontra com a lateral do corpo perto do braço. Esse ponto deverá ser encontrado nessa parte sensível do corpo.

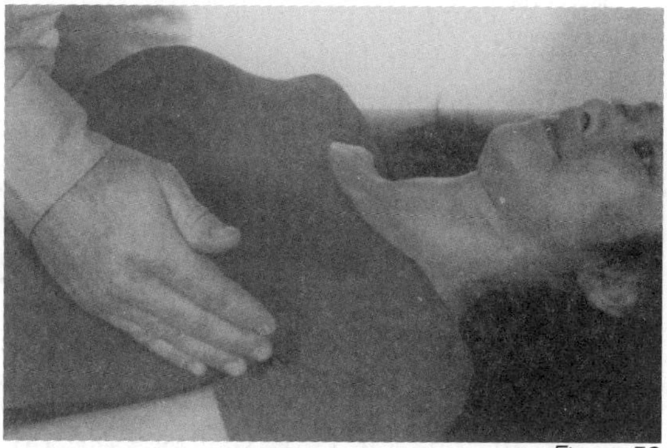

Figura 52

Esse ponto é fácil de achar usando o ki, pois ele apresentará calor. O doador põe a mão em concha e coloca a palma logo acima da base do seio, procurando o ponto onde é gerado o calor (figura 52). Quando achar esse ponto, irradie o ki para ele com o dedo médio, até que deixe de apresentar sensibilidade. O seio com o ponto sensível corresponderá ao ovário em funcionamento. Irradiar o ki para o ponto sensível do seio deve ser algo a ser feito todo mês uma semana antes do (provável) começo da menstruação.

A outra forma de localizar o ovário em funcionamento é examinando-os ou sentindo. Os ovários se localizam amiúde cerca de sete centímetros acima do osso púbico de ambos os lados. Quando uma mulher se deita de costas, deveria haver duas ligeiras saliências que podem ser vistas lateralmente. Uma dessas saliências estará vibrando ligeiramente, a outra estará inerte. O lado que apresenta vibração é o ovário em funcionamento. Quanto à forma e sensação que produz, a área acima dos ovários é semelhante ao *marshmallow*.

É também possível sentir o ovário em funcionamento por meio do ki. Depois de localizar visualmente os ovários (a própria mulher pode localizar

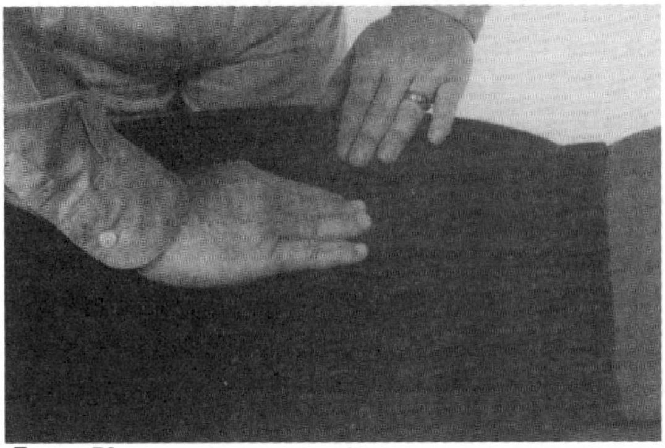

Figura 53

seus ovários por meio do toque, enquanto está deitada de costas), o doador coloca os dedos indicador, médio e anelar da mão esquerda sobre o ovário direito, e os dedos da mão direita sobre o ovário esquerdo (figura 53). Transmita o ki para ambos os ovários. Um reagirá ficando mais quente, o outro continuará sem reagir. Este é o que está em repouso.

Um dia depois de o fluxo menstrual apresentar uma coloração marrom é o momento de começar a transmitir o ki para o *ovário em repouso*. Deve-se fazer isso por três dias consecutivos. Cada dia se tornará mais fácil, já que o ovário que descansa aumenta sua atividade e o que funciona a diminui. Não há um padrão de tempo para transmitir o ki ao ovário em repouso; isso depende da suscetibilidade da pessoa. Continue a enviar o ki até que sinta o ovário começar a vibrar. A mulher que recebe o ki deverá sentir o começo do movimento.

Uma mulher pode fazer ela mesma esse procedimento com relação ao ovário. Deitada de costas, ela envia o ki através do ovário que descansa, por meio da respiração. Enquanto está deitada de costas, ela inspira pela espinha e exala o ar através do ovário em repouso, visando conscientemente a que a respiração ascenda ao topo. Ela deve pôr as mãos em cima, mas sem tocar os ovários, para sentir o ki atravessando um único ovário. Isso é feito simplesmente para assegurar que o ki flua através do ovário certo. Mês a mês, os ovários reagirão mais fortemente ao ki, que é possível sentir a uma distância de vinte centímetros do corpo.

Se essa técnica de respiração for difícil, a mulher poderá adotar um procedimento diferente. Coloque o dedo médio diretamente sobre o ovário em repouso e faça com que ele absorva o ki do dedo. Por outras palavras, em vez de irradiar ki para o ovário através do dedo, inspire conscientemente através do ovário e se concentre em absorver o ki do dedo com cada respiração. O ar é exalado pelo nariz.

Dor no Pescoço

Além dos procedimentos descritos no tópico Dor de Cabeça (página 57) o seguinte método é extremamente eficaz para a dor ou a rigidez crônicas no pescoço. O receptor se deita, o rosto voltado para cima. O doador se senta ou se posta de pé à direita do receptor. A mão esquerda fica sob o pescoço do receptor de modo que os dedos indicador, médio e anelar o segurem. Faça-o voltar-se *lentamente* para a esquerda e para a direita, perguntando que posição é a mais confortável. Faça com que a cabeça se volte para o lado mais cômodo. Ao mesmo tempo, coloque a palma da mão direita sobre o plexo solar (figura 54). Transmita o ki para o pescoço e o plexo solar ao mesmo tempo, de três a quatro minutos. Faça o pescoço voltar ao seu centro, e, enquanto faz isso, *afaste ambas as mãos lentamente.*

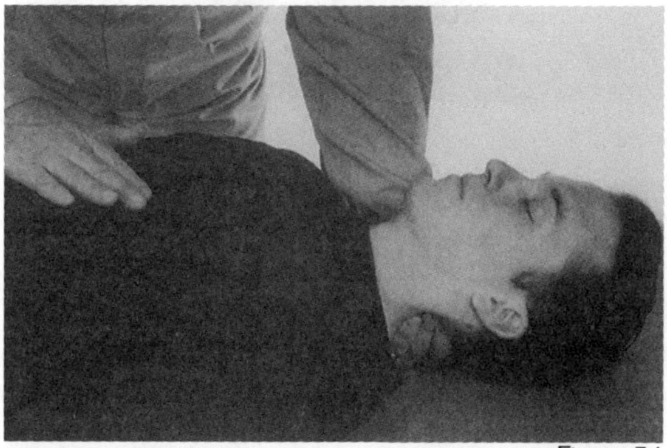

Figura 54

Para o exercício seguinte, o receptor se senta confortavelmente. O doador se senta ou se posta atrás dele. Faça o receptor voltar lentamente a cabeça para a esquerda, depois para a direita. No giro da cabeça, você verá um músculo, que se estende do topo à base do pescoço. Com a mão em forma de taça, coloque-a sobre o músculo na parte do pescoço que apresenta rigidez e faça que o receptor volte a cabeça para o centro. Transmita o ki para o músculo com toda a mão por três ou quatro minutos. *Afaste a mão lentamente após a última exalação.*

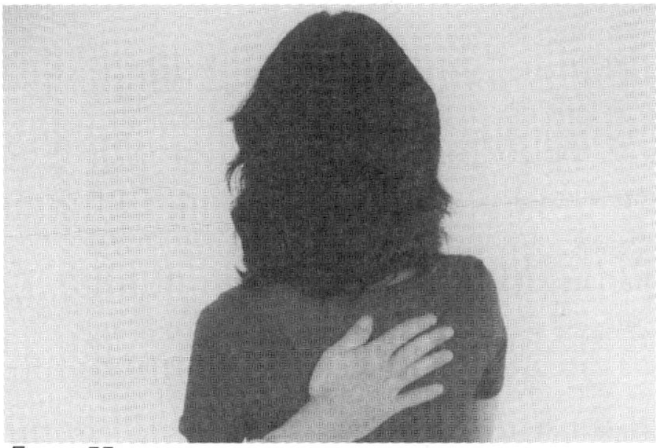
Figura 55

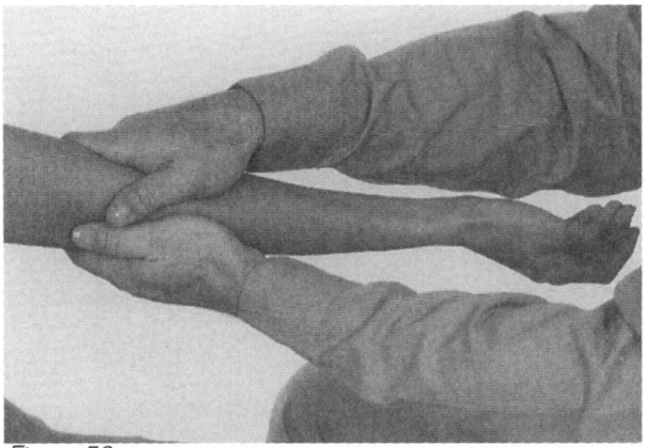
Figura 56

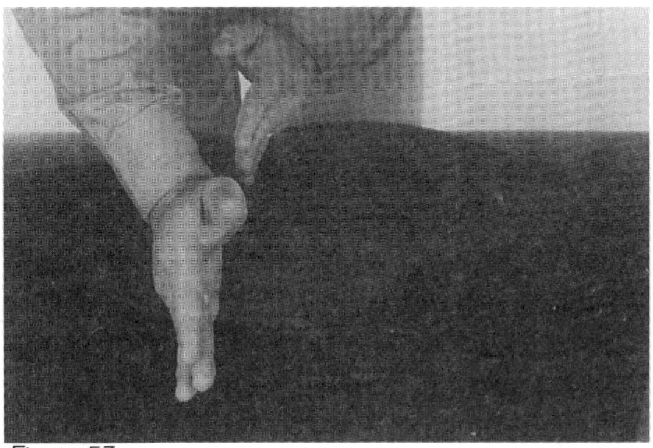
Figura 57

Problemas Respiratórios

A quarta vértebra torácica (T4) por vezes se protrai quando há deficiência respiratória. O mesmo se pode dizer da T5. Comece transmitindo o ki diretamente para T4 e T5. O receptor pode estar sentado ou deitado de bruços (figura 55). A seguir, irradie o ki para o cotovelo, do modo como fez para a dor nessa região. Depois, segure o cotovelo no alto e na base com ambas as mãos e transmita o ki por dois minutos (figura 56). Por fim, irradie o ki para o Ponto da Cabeça 5.

Faça o receptor se deitar de bruços. Uma das nádegas estará fora de alinhamento. Você pode constatar isso colocando a borda das mãos na região que divide as nádegas (figura 57). Uma será mais baixa do que a outra, o que indica alinhamento pélvico deficiente. Ponha o polegar no centro da parte de trás no alto da coxa, correspondendo à nádega fora de alinhamento (figura 58). Pressione firmemente. Concentre o ki no polegar por trinta segundos e depois faça-o se deslocar pela coxa a uma distância de três centímetros; transmita o ki por mais trinta segundos. Você deverá percorrer toda a coxa, desde a base da nádega até o alto da parte de trás do joelho (figura 59). *Libere o seu polegar de repente, toda vez, antes de avançar descendo pela coxa.*

Agora, o receptor se senta. Há dois ossos proeminentes na base do pescoço ao longo do oco da garganta. Ponha os dedos médios sobre eles (figura 60). Um ficará em posição mais elevada do que o outro. Irradie o ki para o dedo *na posição inferior* por três minutos. *Afaste os dedos rapidamente.*

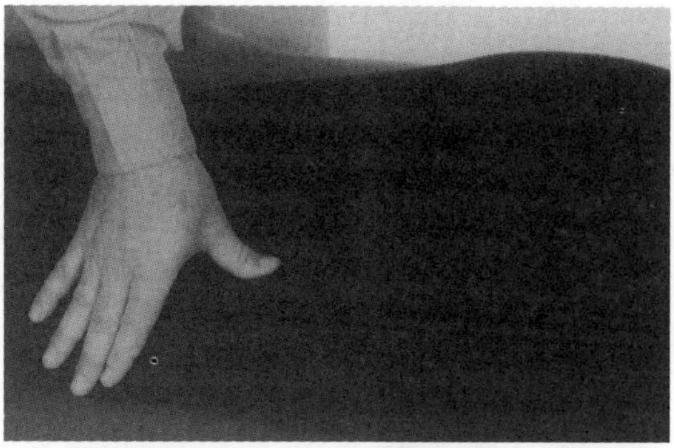

Figura 58

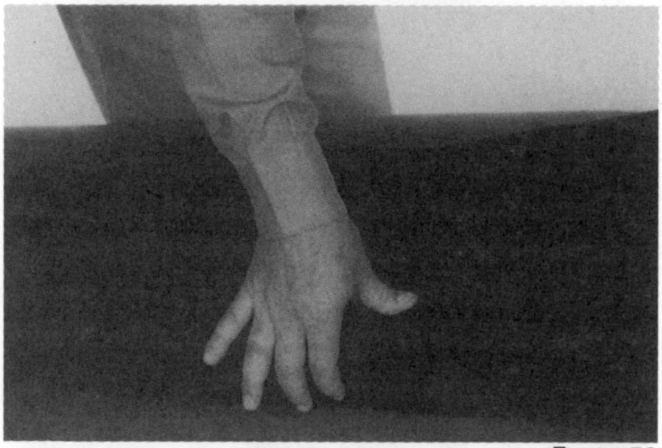

Figura 59

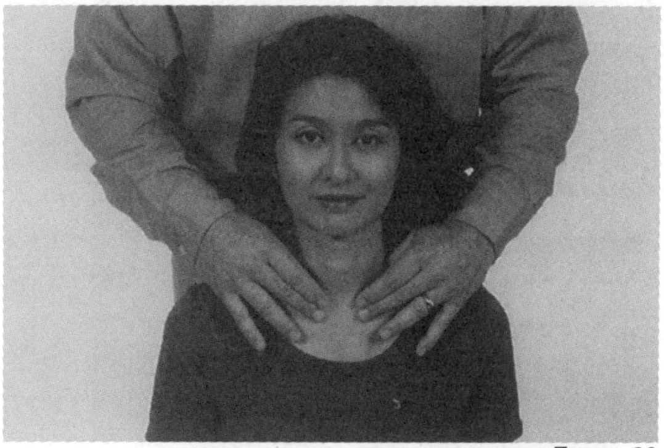

Figura 60

Dor e Rigidez no Ombro

O receptor pode sentar-se ou ficar de pé; o doador posiciona-se atrás. O receptor ergue o braço que apresenta rigidez no ombro. Em determinado ângulo, a pessoa sentirá essa rigidez ou dor. A essa altura, o receptor deverá tensionar o braço e o ombro. O doador coloca a mão sobre o ponto que apresenta dor (ou sobre as escápulas superiores, se o ponto não for exato — figura 61) e transmite o ki por um período de um a dois minutos. No final, receptor e doador devem trabalhar em consonância. Devem exalar juntos. No final da exalação, o doador retira depressa a mão, e o receptor relaxa o braço e o solta ao lado do corpo.

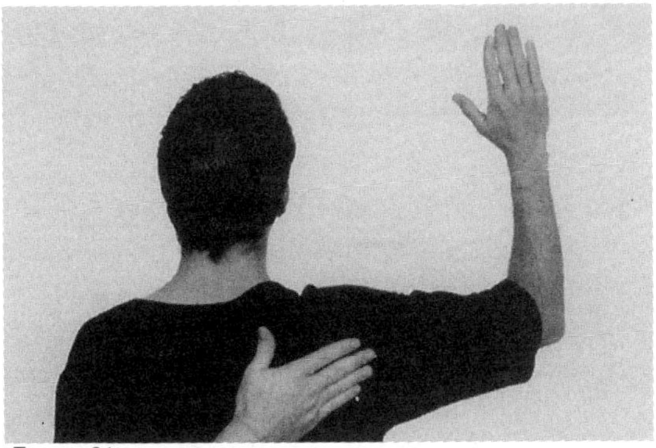

Figura 61

A seguir, o receptor se senta, os olhos fechados. O doador se senta perpendicularmente ao ombro do receptor que apresenta rigidez e dor. Usando qualquer dos polegares, o doador coloca-o sobre o Ponto do Ombro. Esse está localizado cinco ou seis centímetros abaixo do alto do ombro, no centro da curva do músculo. Ponha a mão livre sobre a parte superior do ombro como apoio (figura 62). Pressione delicada mas firmemente com o polegar e irradie o ki para o Ponto do Ombro por três minutos. *Afaste o polegar brusca e rapidamente no final da última exalação.*

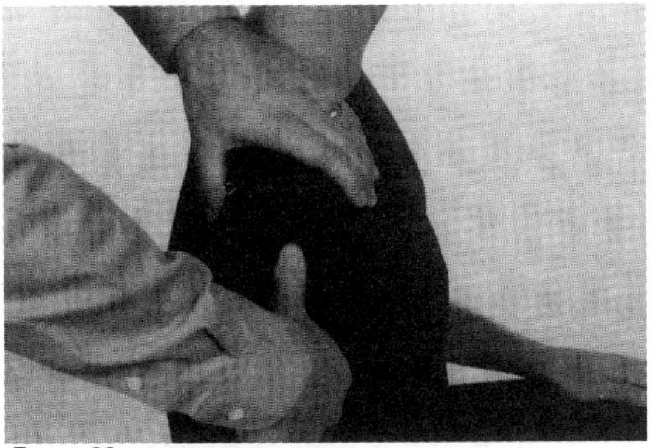

Figura 62

O receptor continua sentado; o doador senta-se atrás do receptor. Trabalhando no ombro direito, coloque a mão direita debaixo da axila do receptor de modo que o polegar direito esteja na parte de *trás* do ombro e o resto da mão repouse sobre o *peito*.

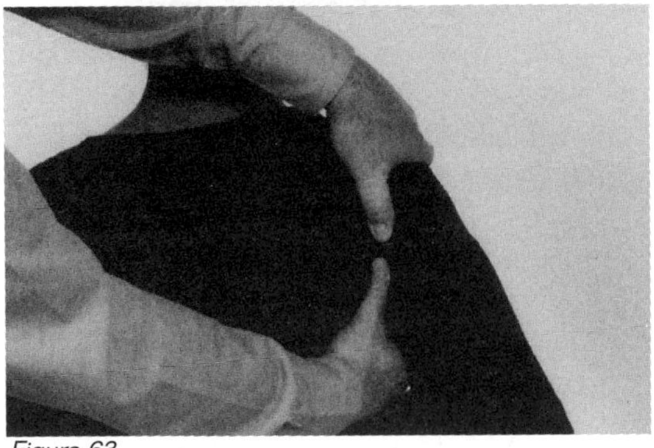

Figura 63

Coloque a mão esquerda sobre a clavícula de modo que o polegar esquerdo se encontre com o direito (figura 63). (Ao trabalhar no ombro esquerdo, trocam-se as mãos.) Os polegares deverão compor uma linha única ao longo da área onde o ombro se liga ao corpo. Exercendo pressão delicada embora segura, com os polegares, transmita o ki para o ombro por quatro ou cinco minutos. *Interrompa a pressão do polegar brusca e rapidamente na última exalação.*

Distúrbios do Sono

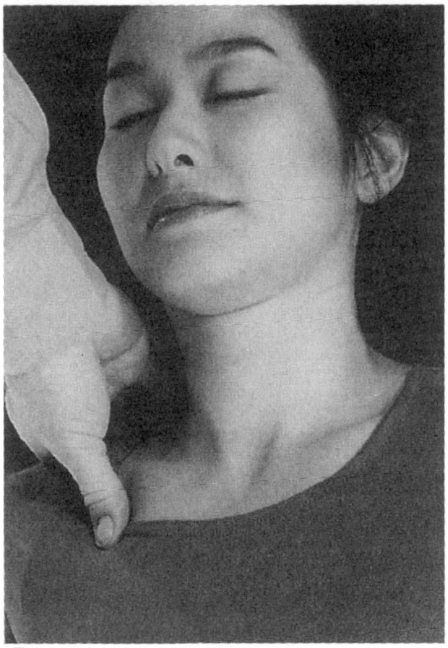
Figura 64

Os procedimentos seguintes, realizados regularmente em conjunção com o total relaxamento do corpo, levarão a pessoa a ter um sono profundo e satisfatório.

Os distúrbios do sono em geral se manifestam em um dos dois lugares (ou em ambos). O primeiro está na base do cérebro, correspondendo a C2. Se você é capaz de beliscar e segurar a pele nesse ponto, isso indica um distúrbio do sono. O segundo local é um ponto sensível sob a clavícula, onde o ombro *direito* se liga ao corpo. Há ali um oco natural, que se torna sensível ao toque sob a influência de um distúrbio do sono.

Para localizar o ponto do sono sob a clavícula, faça que o receptor se deite de costas. Sentado atrás do receptor *ou* ao seu lado direito, localize esse oco com o polegar direito. Pressione delicadamente mas com segurança o ponto (figura 64). Se ele for sensível, transmita-lhe o ki com o polegar por dois minutos. *Retire o polegar rapidamente.*

Faça o receptor se virar, a cabeça voltada para baixo. Sentado à sua esquerda, coloque a palma direita diretamente sobre o centro do sacro e transmita o ki com toda a palma da mão por dois minutos. *Retire a mão delicadamente.* A seguir, o receptor se senta, de olhos fechados. Transmita o ki para a cabeça nos Pontos da Cabeça 5 e 1 do modo como foi explicado para o Pescoço e para a Parte Superior das Costas. Por fim, transmita o ki para a palma direita com seu polegar direito, do modo como está explicado em Tensão no Cérebro (página 69).

Cérebro

Para relaxar o cérebro, use os Pontos da Cabeça 5 e 1, do modo como estão explicados em Pescoço e Parte Superior das Costas. Valha-se, além disso, do seguinte procedimento. O receptor se senta confortavelmente, e o doador se senta ou se posta à esquerda dele. Coloque a mão direita na base direita do cérebro e a esquerda na altura da linha do cabelo, à esquerda da fronte (figura 65). As mãos deverão ser posicionadas de modo que o ki da mão direita suba numa linha diagonal para a mão esquerda. Transmita o ki da *mão direita apenas* por quatro minutos. Você deverá sentir o ki na mão esquerda e será capaz de monitorar-lhe a força. *Afaste as mãos bem lentamente, continuando a transmitir o ki até que suas mãos estejam a cerca de oito centímetros da cabeça.*

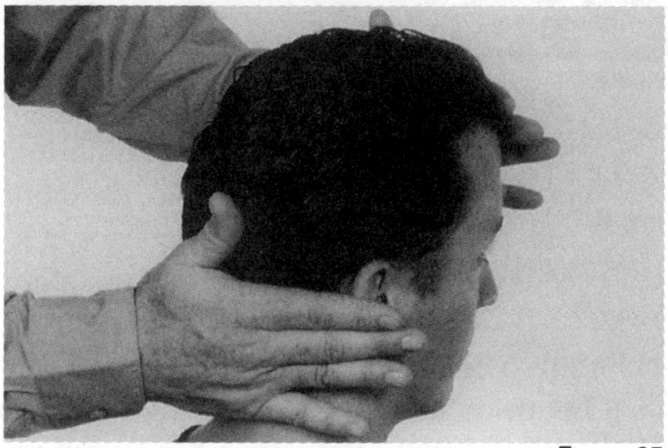

Figura 65

O receptor continua sentado confortavelmente, com os olhos fechados, e o doador se senta ou se ajoelha a seus pés. Pegue com a sua mão direita a mão direita do receptor. Com a sua mão esquerda, apóie o braço no cotovelo. Coloque o polegar no centro da palma da mão do receptor e irradie o ki. Continue a transmiti-lo por um minuto. Com a mão direita, empurre delicadamente o braço do receptor em direção ao corpo dele. O efeito disso será que o receptor sentirá ligeiro desequilíbrio. Nessa posição, continue irradiando o ki por mais um minuto. Você sentirá como que uma protuberância minúscula e rija, como uma conta, formando-se no centro da palma debaixo do polegar. *Afaste a mão delicadamente e abaixe o braço do receptor.*

Todo o Corpo

O receptor deita-se de costas, as mãos nas laterais do corpo e os olhos fechados. O doador se senta ou se posta à direita do receptor, voltado para a cabeça do receptor. Faça que a mão direita corra lentamente, *mas sem tocar*, pelo lado esquerdo do corpo, desde a caixa torácica até o osso ilíaco (figura 66). Procure sentir uma região ou ponto que apresenta calor sobre o corpo. Se não encontrar nada, desloque a mão numa distância equivalente à largura da mão, na direção do centro do corpo, e depois refazendo o caminho de norte a sul. Se não conseguir encontrar um ponto que apresente calor, desloque a mão de

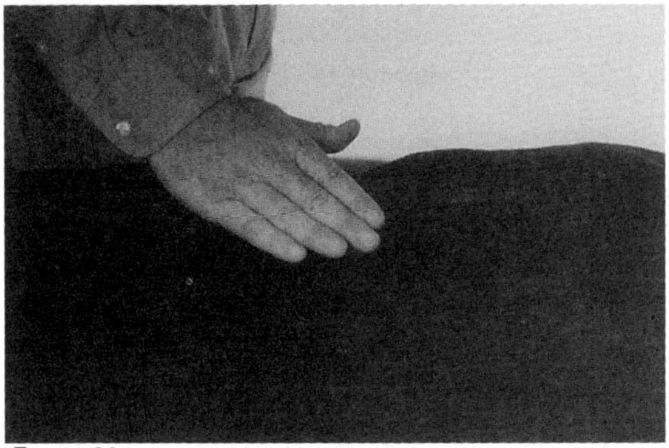

Figura 66

novo a uma distância equivalente à largura dela. Com certeza, haverá um ponto como esse em algum lugar entre a caixa torácica e a pélvis.

Quando localizar o ponto, coloque o centro da mão direita sobre ele. Feche os olhos. Irradie o ki para o ponto até que a sua mão e esse ponto apresentem temperatura idêntica. Desloque a mão cerca de três centímetros para cima, fazendo deslocar o ponto. Transmita o ki para esse ponto até que um equilíbrio de calor entre o receptor e o doador seja alcançado de novo. Então, desloque o ponto que apresenta calor para cima, por mais uns três centímetros, e repita o procedimento. Aos poucos, você levará o ponto que apresenta calor até o plexo solar do receptor.

O objetivo desse procedimento é deslocar o ponto que apresenta calor até o centro do plexo solar do receptor. Isso amiúde leva de cinco a seis minutos. Quando sua mão estiver cobrindo o plexo solar, *pare de doar ki com a palma da mão e comece a doá-lo com toda a mão*. Depois de algum tempo, não será necessário irradiar o ki conscientemente. O receptor o absorverá da sua mão. A sensação de calor se estenderá pelo corpo do receptor, irradiando-se do plexo solar. (Muitas pessoas caem no sono a essa altura.) *Retire a mão muito lentamente e continue a sentar-se ou a postar-se ao lado do receptor*. Não faça nenhum movimento brusco que possa deixar agitado o receptor, que deverá abrir os olhos naturalmente, assim que isso lhe aprouver.

Dor de Dente

Os dentes ficam muito sensíveis no período que vai do outono ao começo do inverno. Se possível, é melhor que se evite fazer tratamento dentário nesse período.

Os procedimentos seguintes deverão ser adotados no caso de dor de dente depois do tratamento dentário.

O receptor se senta confortavelmente, os olhos fechados. O doador se senta, voltado para o receptor, no lado correspondente ao lado da boca que apresenta dor. Se o lado direito dói, sente-se à direita. Segure delicadamente o braço sob o cotovelo e estique o braço como que para puxá-lo. Ponha o polegar logo debaixo da articulação do cotovelo e transmita-lhe o ki por dois minutos. *Libere rapidamente a pressão do polegar*. Desloque o polegar para a articulação do cotovelo e transmita o ki por dois minutos (figura 67). Depois, desloque o polegar até acima da articulação do cotovelo e repita o procedimento.

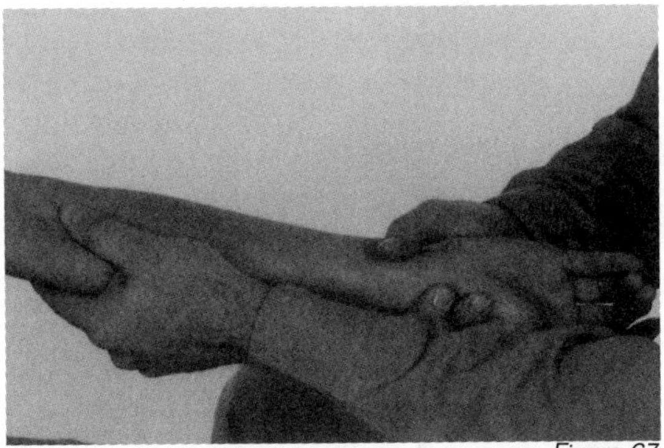

Figura 67

A seguir, coloque o dedo indicador e o médio na frente da área afetada e transmita o ki por três ou quatro minutos. *Afaste os dedos lentamente.*

PARTE II

O Ki da Senhora Matsuura

Capítulo 1

A clínica da senhora Matsuura estava localizada em Odawara, cerca de uma hora de trem expresso do centro de Tóquio. A construção se erguia no topo de uma colina dando para um cemitério pequeno, com vista panorâmica da cidade e do oceano Pacífico de que sempre se irradiava uma fraca luz de prata, independentemente do tempo que fizesse. Do lado de fora da construção havia um jardim. Brotos verdes abriam caminho pelo solo seco e frio, em saudação à primavera que estava prestes a começar. Uma ameixeira estava apinhada de botões fechados que ameaçavam se abrir numa semana, bastando para isso que se seguisse um período de temperatura tépida. No interior, a construção era espaçosa, iluminada e leve, cheia de pessoas em estágios variáveis de sofrimento e infelicidade. Elas também tinham vindo para ver a anciã como último recurso: todas as vias tradicionais de cura se haviam mostrado infrutíferas. Um concerto de violino de Mozart tocava nos alto-falantes. A atmosfera era de resignação mesclada de esperança e expectativas improváveis.

Não havia sala de espera; só uma grande área aberta com tatames no chão. As pessoas se sentavam, ficavam de pé, descansavam e se deitavam onde quisessem enquanto esperavam sua vez. Cerca da metade dos pacientes parecia ter doenças recorrentes. Os outros queixavam-se de um sem-número de coisas. Havia mulheres jovens que para lá tinham ido a fim de curar sua esterilidade. Outros pacientes eram idosos e queriam adaptar-se às novas condições de vida depois da remoção de um órgão, na maioria das vezes após uma cirurgia de câncer. Um grande número de bebês, filhos de técnicos de raios X apresentavam defeitos congênitos. Vários pacientes gozavam de saúde perfeita e só estavam lá para preservar o perfeito equilíbrio do corpo.

Kayoko Matsuura era uma dentre os muitos que praticam uma técnica bem recente de cura e preservação da saúde, baseada na energia do ki. Eu jamais ouvira falar da organização e, até o dia em que passei pelo tratamento, confundia essa técnica com uma forma de quiroprática japonesa. Portanto, fui um tanto cauteloso a princípio, mas Okamoto assegurou-me que as duas técnicas nada tinham em comum. Mais do que isso não pôde dizer. Não tinha a mínima condição de me esclarecer quanto ao que a senhora Matsuura realmente fazia, mas enfatizou repetidas vezes que funcionava. Tampouco ele se interessava pelos princípios fisiológicos que estão por trás da cura. Ele só estava interessado nas conseqüências, estas tão benéficas, que ele estava feliz por confiar seu próprio corpo à senhora Matsuura sem questionamento. Ele me aconselhou que eu fizesse o mesmo.

A senhora Matsuura trabalhava no extremo do cômodo por trás de um biombo. Fazia pouco barulho. Falava num cicio, e de vez em quando eu conseguia ouvi-la através da música ambiente, bebendo aos golinhos e ruidosamente de um copo. Um homem alto e bem apessoado de cerca de trinta anos, chamado Furukawa, era aprendiz dela. Era ele que levava as pessoas para trás do biombo quando era chegada a vez delas; era ele que a ajudava no trabalho das mãos com alguns dos pacientes de maior compleição física; e era ele que mudava as gravações com música clássica. Esta última obrigação parecia a mais importante, de vez que a senhora Matsuura gostava de trabalhar ao som de música. Furukawa cumpria esse último desejo com a graça e a dignidade que se poderiam encontrar num altar. Na verdade, a reverência dispensada à área por trás do biombo e às necessidades bem como ao bem-estar da senhora Matsuura sugeriam a presença de uma sacerdotisa.

Esperamos duas horas para que nos atendessem. Foi uma espera agradável, com a ajuda do aspecto do ambiente à volta. Fui orientado a ficar em cima de uma máquina com o nome de aparelho de medição de distribuição de peso (o nome não soa canhestro em japonês). A máquina media a distribuição do peso do meu corpo em três pontos da planta de cada pé, a protuberância esquerda, a direita e o calcanhar. Orientaram-me a fazer movimentos simples — erguer as mãos acima da cabeça, girar para a direita e para a esquerda, agachar, curvar-se à altura da cintura — e a máquina imprimia a distribuição do peso para cada movimento. Posteriormente, descobri que cada movimento estava relacionado com determinada vértebra e, ao ler a impressão, o praticante poderia saber num relance quais vértebras estavam fora do alinhamento e em que grau. O procedimento era um sistema para diagnosticar não só a atual condição do corpo mas também para avaliar a condição ideal do corpo. A senhora Matsuura mais tarde haveria de confirmar os resultados com suas mãos.

Estar sentado tranqüilo e ver o imenso oceano, cercado por pessoas cujo sofrimento era no mínimo igual ao meu, acarretava certa sensação de calor humano e reafirmação. Tive um impulso um tanto benevolente quanto a desejar-lhes a todos uma cura rápida, sem me preocupar na verdade com a forma como o tratamento deles transcorresse. Durante o longo processo de espera, vi-me tomado da convicção de que essa mulher, que eu não vira até então, haveria de me curar. Contanto que eu me recupere, isso é tudo o que importa, pensava eu com equanimidade sublime. Naquele momento, o pensamento não me pareceu nem egoísta nem insensível. Essa era uma verdade inegável.

Quando finalmente chegou a minha vez, e vi-me face a face com a minha virtual salvadora, foi preciso uma grande força de vontade para aferrar-me à minha convicção. Ela era mais velha do que eu imaginara. Eu esperava encontrar alguém entrando na casa dos sessenta, e aquela mulher aparentava ter dez anos mais do que isso. Ela era lamentavelmente baixa, com um corpinho minúsculo, típico das mulheres do campo de sua geração subnutrida. Tinha menos de um metro e meio de altura e não devia pesar mais de quarenta quilos. Seu rosto era fino e ossudo, desprovido de carnes. A pele aderia às maçãs do rosto mas afrouxava um pouco em torno dos olhos, dando-lhes um aspecto incomumente grande e intenso; contudo, o que quase me fez correr porta afora foi o cabelo. Estava cortado rente ao couro cabeludo e tingido com cores tétricas. Ou ela era a precursora dos *punks* em Odawara ou condicionou o cabelo a corantes do modo como as pessoas temperam um cozido, usando tudo que há na despensa. Minhas dúvidas sobre sua competência foram mitigadas por uma observação cuidadosa de seus olhos e dedos. Seus olhos grandes tinham um brilho inteligente no momento em que ela examinava o resultado do exame com uma rara economia de movimentos. Seus dedos eram longos, finos e ágeis. Sua postura era soberba. Ela se sentou sobre o tatame na clássica postura japonesa, sobre as pernas, a coluna perfeitamente ereta e as mãos pousando delicadas sobre o colo.

A senhora Matsuura instruiu-me a que tirasse toda a roupa, exceto a roupa de baixo e a camiseta, e a pôr o par limpo de meias que eu trouxera sob a orientação de Okamoto. Deitei-me com o rosto voltado para baixo na esteira estreita de feltro aberta sobre o tatame. Ela fez-me uma ou duas perguntas corriqueiras, mais para quebrar o gelo do que para ter informações. Era muito difícil entendê-la. Ela falava baixo e rápido, seus lábios mal se mexiam para dar forma às palavras, que ela projetava no ar com um ruído sibilante.

Eu tomara nota da minha doença tão precisamente quanto possível num pedaço de papel: hérnia de disco da terceira vértebra lombar, resultando em ciática da perna esquerda. Esse papel ela o leu junto com o meu exame. Ela chamou Furukawa para que tratasse de mim também, e depois ela fez seus dedos deslizarem suavemente pela minha coluna vertebral, do pescoço ao cóccix. Eu podia sentir o calor de seus dedos através da camiseta de algodão. Ela fez com que eu me virasse e depois fez seus dedos correrem sobre meu peito e abdômen, fazendo pausas de cerca de dez segundos no meu plexo solar. Então, pôs-se de pé, caminhou até meus pés e examinou-me desse ângulo. Murmurou algumas observações a Furukawa, apontando energicamente meu corpo enquanto ela o orientava à minha volta. Sentou-se ao meu lado de novo, fez-me rolar sobre a barriga, e pôs as mãos sobre a parte mais delgada de minhas costas.

Ela disse: "Estou contente por conhecê-lo. Conheço poucas pessoas com um corpo tão maravilhoso quanto o seu. Sua saúde é excelente, seus órgãos estão em perfeito funcionamento, sua pele é clara, seus músculos firmes mas dotados de elasticidade. Pode se considerar um homem de sorte. É realmente um prazer tocar-lhe o corpo. Só há uma coisinha errada, mas vou cuidar disso logo. Vai ser bem fácil." O japonês que ela falava era ligeiramente antiquado, mas muito educado e nostálgico a modo feminino. Ela voltou-se para Furukawa: "Segure a mão dele e examine as reações. Vamos trabalhar."

Eu estava quase certo de que ela era louca. Se não louca, estava muito provavelmente entrando numa senilidade precoce. Apesar de tudo, os médicos, num grau variável de drama, dizem ao paciente o quanto o corpo está doente. No melhor dos casos, um médico dirá que não há nada errado com a pessoa. Eu jamais recebera cumprimentos de alguém na profissão médica pelo meu corpo. O fato de estarmos ali para ser "curados" revela uma deficiência no funcionamento do organismo. "Mas tenho dores terríveis!", eu disse, num tom de voz que fez com que ela olhasse de novo e ponderasse.

Continuou impassível, no entanto. "É claro que você tem dores terríveis. É por isso que você tem um corpo são. Se não tivesse dor, haveria algo errado com você. Imagine que lhe beliscassem um nervo e você não sentisse uma dor terrível."

Ela se levantou e escarranchou-me as pernas. Pondo os polegares em cada lado de minha terceira vértebra lombar, exerceu pressão, dizendo-me que exalasse o ar tanto quanto me fosse possível à medida que ela pressionava. Depois, repetiu o procedimento em minha quarta e quinta vértebras lombares. A seguir, fez com que eu me virasse. Segurou-me o pé esquerdo pelo calcanhar, levantou-o quinze centímetros do chão e depois bateu no calcanhar duas vezes com a parte de baixo da palma da mão. Por fim, pediu-me que dobrasse os joelhos até que meus calcanhares se aproximassem das minhas nádegas de modo que meus pés e minha cabeça dessem apoio ao meu peso. Enquanto fazia isso, ela me fez exalar o ar ao máximo. No momento em que o sopro estava para ser exalado e o meu corpo começava a tremer pela tensão, ela puxou-me por baixo as pernas. E eu caí num baque e sem sentir dor.

Ela olhou para Furukawa, que me segurava delicadamente a mão. Ele sorriu com satisfação. Outro êxito, ele parecia dizer. Ela embalou-me a cabeça com as mãos, seus dedos mornos pulsando na minha nuca. Ela sentiu o que chamou de pulsação na palma de minha mão direita, sentiu a área do meu plexo solar por algum tempo, e depois fez com que eu me virasse para que ela pudesse percorrer a minha espinha com as mãos.

"Você está visivelmente melhor", disse ela. "Não tome banho nem bebida por 24 horas. Estará melhor pela manhã." O tratamento demorara 25 minutos, e eu não me sentia diferente.

Fiquei observando à medida que ela trabalhava com Okamoto, mas não pude adivinhar nenhum método lógico nem sistemático de tratamento. Na verdade, aquilo parecia algo tão intuitivo e insondável quanto Okamoto sugerira.

Furukawa acompanhou-me até a porta, deslocando-se um tanto embaraçado enquanto eu calçava os sapatos. "Sensei [um termo de respeito aplicado aos profissionais] tende a ser um pouco otimista demais. Como essa é a sua primeira experiência com ela, é possível que você a interprete erroneamente. Talvez você se sinta melhor de manhã, mas talvez não."

"Estou melhor ou não?", perguntei irritado.

"Você está fisicamente perfeito", disse ele, com uma cortesia inabalável, e recolheu-se ao seu nicho por trás do biombo. "Fisicamente perfeito" — eu não sabia ao certo o que isso significava, mas gostava do modo como soava.

Na viagem de trem de volta a Tóquio, senti que estava febril e comecei a suar muito. Fui tomado de um sono irresistível. Dormi e transpirei por toda a viagem. Okamoto não tinha certeza sobre isso ter ou não algo que ver com o tratamento da senhora Matsuura. Provavelmente, eu estava pegando um resfriado. A febre passou tão abruptamente quanto começou, e suspeitei com júbilo que a senhora Matsuura tivesse uma parte nisso. A reação indicou certa potência do tratamento.

Telefonamos para Patrick da estação de trem e saímos para um jantar de comemoração nessa noite. A libertação de dois jovens homens dos confins da dor. Era daqui para a saúde. Aplausos. Eu sentia em mim uma vivacidade e uma isenção incomuns quanto à dor. Agradeci a Okamoto, a Patrick, a meus astros, e depois me levantei para partir. Ao mudar de postura, senti uma dor aguda como uma alfinetada em todo o corpo. A intensidade da dor me fez gritar e me levou à beira da inconsciência. Senti-me vacilante e tomado de visões. De um salto, Okamoto e Patrick agarraram cada qual um braço para me amparar. A dor durou todo um minuto. Pensei: "Se o nervo não estivesse encolhido, eu não teria sentido essa dor." Eu disse a Okamoto que a anciã fizera tão pouco quanto os outros. Ele sacudiu a cabeça em sinal de negação e me aconselhou que aguardasse antes de descartá-la.

Era difícil não ter dela uma visão pouco clara, não obstante as coisas estranhas que aconteciam no meu corpo. Eu compreendera o que todo médico e praticante me haviam feito. Que seus tratamentos não tivessem tido eficácia foi por causa da técnica e não do praticante. Nenhuma pessoa que me viu deixou de se impressionar apropriadamente com a gravidade da minha condição; alguns tinham até me desestimulado em função de sua preocupação exagerada. A senhora Matsuura fora tão breve e gentil, demonstrara tamanha confiança em seu tratamento, que eu tinha dúvida sobre se ela tinha entendido a gravidade da minha enfermidade e pensei que ela estivera abusando da minha credulidade voluntária para me dar um momento de alívio psicológico.

Quando então entendesse o sentido comum da cura, a dor cessaria no momento em que o nervo fosse liberado. O médico ortopedista que teria realizado a laminectomia tinha feito tudo, exceto me garantido uma liberdade momentânea da dor depois da operação. A convicção de que a senhora Matsuura era a minha última esperança estava me abandonando rapidamente. Senti-me inclinado a me queixar de novo.

Na manhã seguinte, vi-me paralisado do pescoço para baixo. Abri os olhos e tentei levantar a mão, mas nada pude sentir. Meu corpo parecia separado da minha cabeça. Eu não tinha dor nenhuma. Entrei em pânico e fiquei febril. Era capaz de girar a cabeça de um lado para outro e usar os músculos da face, mas tinha a sensação de que o resto do meu corpo estava anestesiado. Estivesse eu menos apavorado, teria chorado em função da ironia da minha situação: a perspectiva da dor incurável me obrigara a dar um salto inadvertido do conhecido ao desconhecido. Eu parecia ter aterrissado nas garras de uma charlatã incompetente cujo trabalho me fez rezar pela volta de minha antiga enfermidade familiar.

O telefone jazia a apenas alguns centímetros dos meus dedos. Obriguei-me quanto possível a me concentrar para alcançá-lo, e os dedos aos poucos voltaram à vida. Coloquei o fone no ouvido e disquei o número da senhora Matsuura. Jurei que trocaria esse telefone por um de teclas se eu um dia recobrasse a capacidade de movimento. Deitado de costas, com apenas a minha boca se mexendo, envolvi-a na seguinte conversa memorável.

> MF (quase chocado pelo pânico e pela raiva): Estou paralisado do pescoço para baixo! O que a senhora fez comigo? A senhora disse que eu estaria melhor esta manhã, e agora estou totalmente paralisado!
>
> KM (animada): Totalmente paralisado? Ora, isso é ótimo! Parabéns! Você tem muita sorte.
>
> MF (enfurecendo-se): Que a sua sorte vá pro diabo! Tire-me desta enrascada!
>
> KM: Obrigada por telefonar. Foi gentileza sua dar-se o trabalho de me informar do seu progresso. Me telefone de novo se houver alguma mudança no seu estado físico.
>
> MF: A próxima mudança talvez seja a morte.
>
> KM: Tenha calma! Não compreende que isso significa que você

está melhor? Você teve uma reação. Eu lhe disse que você tinha um corpo maravilhoso, muito receptivo e sensível.
MF: Vai parar de elogiar o meu corpo e me dar alguma orientação?
KM: Em cerca de duas horas, vai recuperar os movimentos.
MF: E daí?
KM: É isso. Estou-lhe dizendo que você está muito melhor. Olhe aqui, estou ocupada. Volte para ver-me amanhã se estiver tão preocupado.

Em duas horas, eu havia recuperado a sensibilidade do corpo e estava me movimentando com facilidade. A dor se mudara da batata da perna e oscilava entre as pontas dos pés e o quadril, intensificando-se e depois cessando imediatamente como que numa reação nervosa. A anciã obviamente utilizara em mim algum tipo forte de tratamento, mas ainda assim eu desconfiava e tive pensamentos sombrios em torno dela todo o dia.

Na terça, o prédio estava vazio. Furukawa sentou-se na pequena cozinha lendo, voltando para mim os olhos e me cumprimentando, mas sem se incomodar perguntando como eu estava me sentindo. O aparelho de som não estava ligado. No chão, a senhora Matsuura contorcia-se contraindo a região das costas como uma serpente, girando e se contorcendo, se contorcendo e girando. Eu não estava animado. Faltava a ela a postura estudada e a dignidade que eu esperava encontrar nos adeptos da medicina. Bati a ponta da muleta no tatame para anunciar a minha chegada. Ela fez um sinal para que eu esperasse.

"Coceira muito forte?", perguntei.

"Estou grata por ter vindo", sussurrou-me do chão, "eu estava com medo de que não tivesse nada para fazer hoje."

"Isso tudo era pra quê?", perguntei, quando ela terminou suas contorções e sentou-se quieta.

"Só fazendo meus exercícios. Nunca viu os animais raspando o dorso e rolando nele? Fortalece a coluna vertebral. Você devia tentar."

Ela não mediu a distribuição do meu peso. Deitei-me de roupa e de bruços, descrevendo tão pormenorizada e deploravelmente quanto possível os acontecimentos que se haviam passado desde o meu tratamento.

Ela simpatizou com as providências que eu tomara para a vida em vez de com o meu medo. "Você teria acertado inteiramente se tivesse arranjado uma mulher ou uma namorada. Prefiro ver as pessoas aos pares. É muito importante fazer com que o parceiro saudável entenda exatamente o que o parceiro doente está sofrendo e dar apoio e estímulo, que são úteis. Ontem você teria achado muito mais fácil tudo isso se tivesse uma companheira compreensiva."

Ela deslizou os dedos delicadamente pela minha coluna vertebral e fez com que eu me virasse. Segurou-me a cabeça e apertou-me o pescoço. Sentiu meu plexo solar e passou um minuto nos pontos em meu abdômen.

"Você tem problemas para urinar", declarou. "Há meses que não faz um bom xixi. Não esguicha como deveria", e traçou uma linha com o indicador na parte interna de minha coxa direita, o que provocou uma dor intensa.

"Sim, seu aparelho urinário precisa de reparos", disse em tom prosaico, puxando minha perna direita, deslocando-a depois para a direita tanto quanto era possível e, então, colocou a palma na parte interna da coxa. Passou a falar sobre coisas triviais. A produção do alimento a fascinava e aborrecia. Tinha ela sérias dúvidas sobre se era da natureza das coisas ter morangos durante o ano todo. Qual seria o efeito sobre um organismo comer alimentos fora de sua estação? Será que as frutas e os vegetais produzidos em estufas são tão nutritivos quanto os que brotam ao ar livre?, ela indagava em voz alta. À medida que falava, a palma de sua mão se amornava, depois ia ficando quente. Comecei a sentir pruridos nas pernas. Ela prosseguiu com a conversa sobre o preço dos alimentos, deixando minha perna para sentir de quando em quando o meu pescoço. Delicadamente, pousou minha perna na posição original e traçou o mesmo caminho de antes. Não senti dor.

"Vai sentir prazer em urinar de novo", afirmou.

Ela fez com que suas mãos corressem por todo o meu corpo, depois, sentou-se ao meu lado e segurou-me a mão. Seu polegar estava na base do meu polegar direito. Seu toque era seguro e forte. Seu polegar ficou morno; ela pressionou mais forte, e senti uma dor vaga por todo o corpo. "Só é preciso agüentar", disse ela, e, em um minuto, a dor começou a diminuir sensivelmente, até que passou. Quando ela ficou satisfeita, fez o mesmo com o calcanhar e as pontas dos dedos do meu pé esquerdo.

"Está em grande forma", disse ela, curvando-se em cumprimento sobre os joelhos, concluindo formalmente a sessão. "Fique de pé e deixe-me dar uma olhadela em você." Ficou contente com o que viu. Estampou-se-lhe no rosto um sorriso terno e largo. "Volte dentro de um mês para outro tratamento", ela disse, fazendo-me sair do aposento.

"O que devo fazer até lá?" Vi-me perplexo em função de sua atitude jovial para comigo.

"Divirta-se. Vá esquiar."

"Como é que eu vou esquiar se ainda sinto essa dor na perna?"

"Esquiar fará você pensar em outras coisas que não na dor, sobretudo se você for um mau esquiador. Vai ter de se concentrar na sua forma."

"Isso não vai atrapalhar o tratamento?"

"Absolutamente. Vai melhorar como um todo. Insisto nisso."

"É isso o que eu gostaria de lhe dizer", falei, e despejei a lista de perturbações que eu estivera organizando por dois dias.

"O cirurgião ortopedista me disse que, no momento em que meu nervo estivesse livre, eu não teria dor. Ele me prometeu alívio instantâneo com a cirurgia. Você me disse que estou bem, mas sinto mais dores do que nunca", concluí, querendo dizer que ela tinha fracassado em realizar a promessa do cirurgião.

Ela ficou surpresa. "Ele disse isso? Você deve ter entendido mal. Como é que ele poderia dizer uma coisa dessas? E você acreditou nele... um homem da sua inteligência!"

"Não vejo como minha inteligência me passou a perna", repliquei. "Se o nervo se contrai, ele dói; se ele é liberado, não dói."

"Vocês dois certamente têm uma idéia estranha sobre o corpo humano", disse ela, demonstrando preocupação pela primeira vez desde que eu a conhecera. Minha condição física não a havia perturbado, mas minha aparência era lamentável. Ela bateu as mãos no colo, aprumou-se e murmurou algo para si mesma; depois, pediu a Furukawa que trouxesse o seu violão.

"Deixe-me mostrar-lhe algo." Ela dedilhou notas ao acaso. Então, empurrou para baixo uma das cordas com o polegar e me disse para tocá-la. Ela não ressoou.

"Essa corda é o seu nervo. Agora veja o que acontece quando ela é liberada de repente." Ela tirou o polegar da corda, que vibrou velozmente.

"Seu nervo era como essa corda; só uma corda viva tentando ser liberada. Sofreu uma pressão por pelo menos dezoito meses. O que você acha que ela está fazendo agora que nada a está segurando para baixo? Está vibrando, pulsando, voltando à vida e ao vigor. Provavelmente, é meio difícil para ela crer que está livre de novo. Nosso corpo, como nós mesmos, cai depressa na rotina. Se você achava que tinha dores enquanto o nervo estava contraído, agora sentirá agonia por ele ter sido liberado."

Fiquei desanimado. O que ela dizia tinha sentido. Mas o que os médicos disseram também tinha sentido.

"O que devo fazer para diminuir a dor?", perguntei.

"Fazer? Continue vivendo. Ela vai passar. Independentemente do que fizer, não tome remédios. Eles só retardarão o processo da cura e anularão o meu trabalho. Saberei se você vier a tomar remédios, e me recusarei a tratá-lo."

"Quanto tempo vai levar para a dor passar?"

Ela deu de ombros. "Cada organismo reage de um modo. O seu é muito sensível. Sua reação foi tão imediata e pronunciada que a dor deve acabar em um ano."

Fiquei tão nervoso quanto uma criança que, em face de uma verdade desagradável, prefere uma mentira simpática.

"Evitando um acidente, você terá mais cinqüenta anos de vida saudável. Por que um ano parece tão terrível? Além do mais, que outra opção você tem?"

Esse era o seu argumento máximo — bastante correto, pensei. Isso não me dava condições para uma réplica.

Sempre fui uma pessoa saudável e animada. Os poucos encontros que tivera com médicos haviam sido breves, e o alívio fora tão instantâneo quanto prometeram. Tomava-se aspirina para a dor de cabeça até que algo "mais rápido e eficaz" aparecesse, e então tomava-se isso. Havia um aumento progressivo na velocidade do alívio para todos os remédios vendidos sem prescrição médica para debelar as milhares de dores da carne. A velocidade é o atrativo mais sedutor de toda a nossa panacéia medicinal. É nosso *desideratum* máximo da cultura. Com tanto incômodo e tensão de ordem psíquica e emocional, temos o direito de ser poupados de um sofrimento físico duradouro. E quando uma cura não está acessível de pronto, não nos dizem que os médicos e cientistas estão correndo atrás de uma? Tudo o que precisamos fazer é incitá-los com estímulos financeiros para que cheguem à linha final antes que nossas dores e nossa doença nos derrubem. Eu acreditava na velocidade, prestava-lhe culto e ansiava por um retorno veloz à saúde do modo como a entendia. Encolhi-me ante a idéia de trilhar a estrada da heresia ao longo da qual o corpo se refazia a seu próprio tempo.

Furukawa veio me ver quando eu calçava os sapatos para ir-me embora. Ele foi cortês, mas firme.

"Estaria interessado em aprender algo sobre a filosofia da saúde do ki...?", indagou, num tom de voz mais parecido a uma afirmação do que a uma pergunta.

"Não hoje", retruquei e fui embora sem dizer até logo.

A predição da senhora Matsuura não se concretizou. Eu não só não agonizei, como também a dor se tornara branda a ponto de ser facilmente tolerada. Ela então ocupava toda a extensão da perna até a ponta dos dedos; contudo, não era mais a minha companheira constante e o meu único pensamento. Eu podia distrair-me dela e voltar mente e corpo a empreendimentos familiares. Comecei a pensar favoravelmente na senhora Matsuura. O apreço tornou-se quase amor quando, depois da segunda semana após o tratamento, a dor começou a abandonar o meu corpo, aparentemente fluindo pela perna e saindo pela ponta dos dedos. Todo dia era acompanhado de cerca de cinco centímetros de alívio, e tive uma total recuperação em quinze dias. Recuperei o apetite e comecei a olhar de novo para as mulheres.

Na vez seguinte em que vi a senhora Matsuura, achei que seria minha última visita, e estava eufórico, cheio de animação e gratidão. Eu falava pelos cotovelos, odiando ter de parar, querendo preencher cada segundo de nosso breve encontro juntos com elogios rasgados a ela. Repeti meia dúzia de vezes que estaria livre da dor em duas semanas sem passar pela agonia que ela anunciara. Eu me jactava. Estava tentando infantilmente mostrar à mulher que fizera tudo certo que ela estava errada nesse pormenor. Ela ouviu calmamente, segurando o meu exame. No final da sessão, curvou-se mas me manteve diante dela com o olhar de seus olhos brilhantes e negros.

"Ouça com atenção. O final está à vista, mas não será fácil. Você tem um corpo ótimo e até agora foi um modelo de paciente; mas não se recuperará sem a reação final. Curou-se mais rápido do que qualquer um que eu tenha tratado, o que significa que a sua reação será muito mais séria. Não se surpreenda quando ela chegar. Não entre em pânico. Não tome remédios. Não lute contra ela. Só tente passar por ela alguns dias, e você ficará bom."

"O que vai acontecer?", perguntei, ansioso. Essa reação parecia ameaçadora.

Ela tomava sua bebida aos golinhos e pensava. "Quem pode dizer? Você esteve alojando uma doença por dezoito meses, talvez mais. As toxinas se formaram e tiveram de ser expelidas a fim de que você se curasse completamente. Seu corpo está-se desenvolvendo para uma purgação. A isso se chama *gedoku*. Se você tiver febre, alimente-a, conserve-a assim, de modo que ela elimine a si mesma rapidamente. Valha-se de compressas quentes, tão quentes quanto puder suportar, e coloque-as na nuca debaixo da cabeça. Há um conjunto de nervos em cada lado. Isso dará continuidade ao processo da febre e acelerará o tempo da cura. A partir de hoje, meta os pés na água, até a altura do tornozelo, na temperatura mais quente que puder suportar. Duas vezes por dia, de manhã e à noite, quatro minutos de cada vez. Isso estimulará os nervos. Os pés ficarão vermelhos quando você os tirar da água. Enxugue-os bem e calce meias grossas para conservar o calor nos pés. Se tiver dores fortes, banhe as pernas em água quente até o joelhos. Volte quando a *gedoku* terminar.

"Posso vir quando ela começar?", eu disse, em tom de brincadeira.

Ela soltou uma gargalhada animada. "Banque o homem. Ninguém pode ajudá-lo a ir além da *gedoku*. Eu só iria atrapalhar. Pare de se lamentar e divirta-se. O divertimento é a melhor forma de recuperação da saúde. Já esquiou?"

A *gedoku* começou quatro dias depois. Felizmente, eu estava em casa; caso contrário, podia ter sido levado para um hospital por engano. Era o começo da noite. Eu estava deitado em meu sofá-cama assistindo a um filme de Clint Eastwood na televisão. Era bem divertido ouvir o senhor Eastwood zombar em japonês. Assentava-lhe bem, ainda mais do que o inglês. Contudo, ele parou de zombar quando um bandido enlouquecido golpeou-lhe a cabeça com o cabo de uma metralhadora e se sobrepôs ao herói prostrado zombando dele em japonês. Gemendo, Eastwood sacou de uma faca que teve a cautela de atar à perna e feriu o bandido na coxa. Nesse exato momento, a parte externa da minha coxa esquerda começou a ter pruridos e comichões. A dor na minha perna pareceu inchar, alcançar uma maturidade vital e depois começou como que a descer pela perna e a sair pelos dedos dos pés. Eu era capaz de sentir a dor indo-se embora. Ela passava abaixo do meu joelho, descia até o meu tornozelo e por fim chegava à planta de meu pé. Eu queria bater palmas. Justamente quando a dor estava prestes a ir-se embora foi que a planta do meu pé esquerdo começou a dar a impressão de estar sendo agarrada por uma mão forte de metal incandescente. A planta do pé estava sendo esmagada e queimada ao mesmo tempo. Vi-me consumido pela dor. Uma explosão retumbante ecoou em minha cabeça. Na televisão, Eastwood havia atirado no bandido com um pequeno canhão.

Meu pé ficou mais quente, o aperto era mais parecido com o de uma tenaz. Comecei a ter problemas para respirar. Minha respiração era entrecortada, doía-me respirar fundo. Eu podia ouvir a zombaria em japonês, mas não podia entender as palavras. Meus ouvidos estavam zunindo por dentro e, na minha cabeça, só havia uma espécie de interferência irritante. Pensei em tomar os analgésicos que estivera armazenando desde minha visita aos médicos. Haviam sido poupados meticulosamente e eram abundantes. Lutei contra esse impulso. Tampouco eu poderia ter-me deslocado com estabilidade, tivesse eu realmente querido tomar as pílulas. Eu tinha certeza de que a planta do meu pé estava sendo queimada. Quase chegava a sentir cheiro de pele queimada. Fiquei chocado ao ver que o pé parecia normal — nenhum brilho incandescente, nada que o espremesse. Tratava-se do pé mais inócuo e tímido que eu já vira, e eu o odiava por deixar-me sem a satisfação de saber por que eu estava morrendo. Pois eu tinha a certeza de estar morrendo. O suor escorria-me do peito e do rosto, entrando-me pelos olhos e pela boca. Pus-me depressa a enxugar o rosto e, enquanto fazia isso, a dor, o calor e o aperto moral deixaram o meu pé e se alojaram num átimo na minha cabeça.

Minha perna, compreendi, não apresentava dor pela primeira vez em quase dois anos. Eu estava com muito calor para me dar conta disso. Os travesseiros e a roupa de cama estavam ensopados. Agora que eu podia andar, fui buscar duas toalhas de banho, mas elas em pouco ficaram ensopadas e tive de torcê-las muitas vezes. Tentei ficar debaixo de uma ducha fria para aliviar o calor tórrido, mas aquilo só fez piorar e me causou uma dor de cabeça insuportável. Pensei em aplicar compressas quentes à nuca, mas já estava sofrendo o bastante. A perspectiva de mais calor me apavorava. Voltei para a cama levando um balde, em que torcia as minhas toalhas.

No meu cérebro, o fogo estava pior do que qualquer dor que eu antes sentira. Senti que eu oscilava entre a loucura e a morte. A senhora Matsuura me havia aconselhado quanto a suportar a dor, que me estava devastando. Trata-se da realidade mais inequívoca com que eu me deparara. Não havia negar. Uma pessoa só podia assentir; no entanto, isso não dava em lugar nenhum. Cobri-me com as toalhas e deixei que absorvessem o suor.

Esse estado de coisas durou por cerca de quatro horas. Eu tinha delírios e ao mesmo tempo consciência de que falava comigo mesmo. A televisão havia muito cessara as transmissões e, fora do ar, "chuviscava". Eu continuava a murmurar futilidades, sem idéia do que dizia. O balde com capacidade para cinco litros estava quase cheio. Eu não poderia crer que pudesse haver tanta água num corpo humano. O calor diminuíra um pouco; senti um sopro frio nas bochechas e me preparei para o fim do sofrimento; mas o calor voltou tão súbito quanto desaparecera. Agora estava mais intenso, mais concentrado no topo da cabeça. Cheguei a pensar que havia sentido o cheiro das raízes do meu cabelo queimando. Resolvi telefonar para a senhora Matsuura, fazê-la confirmar que aquilo era de fato a *gedoku*, e perguntar se a variedade que eu apresentava poderia ser fatal.

Estirei o braço para apanhar o telefone e, como no caso do meu pé, o calor e a dor passaram da cabeça para a barriga. Minhas entranhas se retorceram num gemido terrível, e corri para o banheiro a fim de abrir as comportas para uma diarréia sem fim: um líquido da brancura do leite. Passei o resto da noite, cerca de cinco horas, sentado no banheiro urinando e defecando e suando enquanto meu estômago queimava. Eu não conseguia dormir. Nem ficar de pé. Cada vez que me levantava, via-me presa de um impulso irresistível quanto a defecar.

Mais ou menos na metade da manhã, a diarréia havia cessado e a dor tornara-se tolerável. Estava com um pouco de febre e transpirando razoavelmente, mas sem parar. Telefonei para a senhora Matsuura, disse-lhe exatamente o que ocorrera, e concluí que estava com a *gedoku*.

"Parabéns", disse, como num sussurro. "Você passou pelo primeiro estágio. Sentirá dor na virilha, e quando ela passar estará muito melhor. Hoje, fique em algum lugar em que se sinta à vontade. Mantenha-se perto de casa e espere sentir a dor na virilha."

Pensei que eu tinha escalado o monte Everest só para que me dissessem que ainda estava ao pé do monte. Fiquei desolado, mas também ávido por testar minha perna ressuscitada. Sentindo-me fraco, desafiei as ordens e fui trabalhar. O castigo da diarréia se abateu sobre mim de uma vez só, e permaneci por duas horas sem movimento por sobre uma *squat toilet*, testando a força de minha perna ao máximo. Terminada a expiação, fui direto para casa, decidido a viver uma vida imaculada.

No começo da noite, tive a sensação de que de repente fora golpeado na virilha esquerda. A dor do golpe aumentou, e senti que a área estava inchando como um balão. Não havia, é claro, nenhum inchaço visível, embora a área houvesse ficado roxa. A dor se irradiava em ondas a partir de um ponto do tamanho de um grão de pimenta, e uma vez mais pus-me a suar muito. A região em que a coxa se encontrava com a virilha ficou tão dolorida que dobrar a perna era impossível. Peguei minhas *Obras completas de Shakespeare* e preparei-me para uma longa noite de suadouro. No zênite da minha dor, senti que verdadeiramente entendia a loucura de Lear e compreendia que Shakespeare também algum dia sofrera da *gedoku*.

A purgação terminou tão abrupta quanto começara, quase 36 horas depois do início das dores. Eu estava fraco, cansado e confuso, mas sem dor. Todo o meu corpo apresentava a qualidade congênita, passível de esquecimento, do não-sentimento que associamos à saúde. Eu estava por demais esgotado para sentir qualquer ânimo. Perdera dez quilos em 36 horas, e estava pesando 65 quilos patéticos, tendo em vista os 85 que pesava dois anos antes. Mas era um homem em boas condições, quase três semanas a contar do dia em que a senhora Matsuura pela primeira vez tratou de mim.

Adormeci depois que a *gedoku* terminou — por quase 24 horas. Retomei o trabalho de casa, sem me aventurar a ir longe demais, e comi moderadamente quatro vezes por dia durante três dias. A diarréia persistiu de um modo incoerente, e resolvi fazer uma experiência. No segundo dia, tomei um copo de Kaopectate mas ele passou direto por mim. Meus intestinos voltaram ao normal no quarto dia. Comemorei fazendo uma longa caminhada pelas colinas no lado oeste de Tóquio.

O chão estava coberto de folhas pisoteadas, empilhadas sobre as veredas escorregadias. Eu estava estranhamente consciente dos sons suaves que minhas passadas produziam. Era como se eu nunca tivesse reconhecido a sensualidade que envolve andar. Tropeçava por vezes e estremecia à idéia de que pudesse ter desfeito o trabalho da senhora Matsuura, mas ela me havia advertido quanto a fazer exercícios vigorosos. Enquanto eu andava, crescia a minha confiança em que o meu corpo havia voltado à durabilidade original. A caminho de casa, sentindo um cansaço prazeroso, minha perna esquerda deu-me a impressão de fraquejar vacilante, mas isso era de esperar depois de dezoito meses de inatividade. Eu ainda tendia a favorecer, desnecessariamente, a perna direita.

Nos dias e semanas seguintes, de fato, por cerca de dezoito meses depois da *gedoku*, senti um formigar ocasional nas pontas dos dedos do pé esquerdo. O formigar era seguido de uma sensação de frio dormente. A princípio, aborreci-me com a idéia de que a cura não fora uma cura e com o fato de eu estar com problemas de ciática de novo. A senhora Matsuura me disse para continuar a banhar os pés duas vezes por dia. Ao fazer isso, a sensação, embora não terminasse, ocorreu com menos freqüência e ficou mais breve.

Duas semanas depois de eu ter retomado o trabalho, minha vida voltou à sua rotina. Voltei a Odawara para fazer com que a senhora Matsuura confirmasse que eu estava bem e verdadeiramente curado. O que ela fez. Curvei-me e agradeci-lhe efusivamente por curar-me as costas. Ela ficou perplexa.

"Não havia nada errado com as suas costas", ela disse. As mãos dela flutuaram ao redor do seu colo em ênfase.

Eu não precisava discutir. "Bem, então minha perna", corrigi-me.

"Sua perna estava boa."

Protestei. "Mas tive uma hérnia de disco que causou a ciática."

"*Hérnia de disco* é só uma expressão que não explica nada. Suas vértebras se enroscaram e puxaram o nervo."

"O que fez minhas vértebras se enroscarem?"

"Ciática."

"Quer dizer que eu tive ciática antes de que isso acontecesse às minhas vértebras?" Eu estava mais do que confuso; eu estava frustrado.

"Sim, teve."

Desde o começo, fora óbvio que nossos conceitos de corpo humano e de suas funções não tinham base comum, exceto que ambos usávamos os mesmos critérios para discriminar vida e morte. A partir dessa diferença, ela sempre passou momentos embaraçosos tentando responder às minhas perguntas, pois que elas eram *a priori* incompreensíveis à sua visão de mundo e experiência. Não que ela considerasse minhas perguntas sem importância; de preferência, elas eram indicativas de uma mentalidade estranha que ela duvidava pudesse um dia converter à razão. Minha perplexidade ensejou uma ligeira explanação da parte dela.

"Suas vértebras fizeram o favor de enganchar o nervo ciático. Não tivesse acontecido isso, você realmente teria estado com problemas. Suas vértebras estavam tentando anestesiá-lo quanto à dor."

Eu fora derrotado, eu sabia disso. Se ela não fosse quem era, eu teria sorrido languidamente e teria saído porta afora. Então, eu teria feito algum serviço público, como colocar uma placa do lado de fora da casa dela com "Cuidado! Lunática!"; mas eu estava curiosíssimo para saber o que ela fizera, para ter pelo menos um pouquinho do que parecia uma abordagem ilógica e incompreensível de que ela se valera para me restituir a saúde total. Os outros tratamentos por que eu passara foram lógicos e ineficazes. Este era correto e justo. Algumas coisas funcionam, outras não. Que seu tratamento fora ilógico e eficaz surpreendia-me como uma coisa paradoxal. Estava fora de questão que seu êxito dependera da sorte. Ela havia diagnosticado corretamente a partir de sua primeira observação, e seus prognósticos haviam sido conclusivos demais para admitir essa possibilidade.

Implorei-lhe que explicasse o que fizera. Pedi-lhe misericórdia pela minha ignorância dos preceitos de sua técnica. O fato de eu reconhecer que o seu tratamento tinha preceitos pareceu agradar-lhe. A conversão, apesar de tudo, talvez fosse possível.

A senhora Matsuura entornou num copo uma bebida fria de um jarro que sempre estava a seu lado e bebeu-a lentamente, organizando os pensamentos. Ela não tinha o dom da comunicação. Estava acostumada a se expressar por meio do exemplo prático e falava de modo retraído, em estilo telegráfico. Sua voz era baixa e com certa rouquidão, que fazia dela uma voz interessante.

"O exame indicava torção da vértebra lombar e perda das forças na perna esquerda. Senti a sua espinha para constatar que as outras vértebras estavam alinhadas. Sua espinha e suas pernas estavam normais, embora sua L3 estivesse voltada para a esquerda. Havia enganchado o nervo ciático. Isso não importava. O aspecto importante era descobrir o que fez as vértebras se enroscarem. Examinei-o no chão. Duas coisas estavam claras — a primeira, que seu corpo estava recurvo. Segundo, e mais importante, a parte de fora do seu tornozelo esquerdo tinha cinco centímetros a mais do que a parte externa do tornozelo direito. Reconheci isso como sendo o problema. A área sob o tornozelo tinha uma grande concentração de calor. O impulso que percorria o nervo ciático se interrompia na L3, mas isso era natural, dada a sua condição. O impulso era muito mais obstruído debaixo do tornozelo. Isso confirmou a minha opinião. Havia uma ampla lacuna entre o seu tornozelo e o pé, que deixou exposto um feixe de nervos ao longo do nervo ciático.

"Isso indubitavelmente foi muito doloroso. Você começou quase sem perceber a privilegiar a perna direita, o que lhe desequilibrou o corpo. O feixe de nervos certamente se teria tornado muito inflamado e poderia ter levado à perda da sensibilidade no pé, não tivessem as suas vértebras se enroscado e enganchado o nervo ciático. Isso aconteceu para diminuir a sua dor. Aconteceu a seu favor. Sua dor era moderada comparada com o que você teria sentido se o seu corpo não tivesse tomado essa medida. Eis por que eu lhe disse que você tem um corpo saudável e sensível.

"O que eu fiz foi simples. Abaixei-lhe o tornozelo, coloquei as vértebras no lugar e depois estimulei o seu corpo a se curar tão rápido quanto possível. Não pude fazer o tornozelo voltar à posição normal. Isso é um processo gradual. Mais algumas sessões e estará no lugar. Observe."

Ela pôs o polegar logo abaixo do tornozelo esquerdo e o pressionou delicadamente. A dor fez os meus olhos se cobrirem de lágrimas.

"É isso, bem aí. O culpado", disse ela, satisfeita com o ponto.

"O que fez meu tornozelo sair do lugar?"

"Quem sabe? É comum. É duro ser um tornozelo. Eles são criaturas delicadas que suportam muito peso. Torcem-se, curvam-se, levam pontapés, e sofrem abusos sem que você chegue a ter consciência disso."

Eu tinha mais uma pergunta. "Como a senhora estimulou o meu corpo?"

Ela escreveu o caractere chinês para *ki*. *Ki* (ou chi) é uma palavra comum no chinês ou no japonês, significando energia, vitalidade, essência vital ou força da vida. A palavra se tornara conhecida no Ocidente nos últimos dez anos por meio da arte marcial do Aikidô, em que consegui uma faixa preta, e por meio da acupuntura. Sempre pensei no ki como uma energia natural, uma força ambígua usada sobretudo para fazer enfrentar um assaltante. Os canais do ki são a base da acupuntura, e agulhas são usadas para dirigir e mudar seu fluxo. A senhora Matsuura, contudo, só havia usado as mãos, e embora eu tivesse sentido mudanças interiores ocorrendo quando ela me tocou, supus que fossem a conseqüência da manipulação. De fato, o meu lado cabeça-dura irracional se recusava a aceitar a idéia do ki como algo mais do que um mistério oriental divertido em dias de tédio. A senhora Matsuura, evidentemente, discordava.

"Qual é a diferença entre uma pessoa viva e alguém que acabou de morrer? Anatômica e psicologicamente, não há nenhuma. Só a presença ou ausência do ki. Você pode ter suas dúvidas, mas o fato é que ele existe. Eis como curei você. Irradiei ki por toda a sua espinha e ao longo do nervo ciático a fim de localizar bloqueios. Fiz o inchaço do seu tornozelo diminuir com o ki, coloquei suas vértebras no lugar com o ki, além de estimular os seus nervos com ele. O único momento em que não o usei foi quando puxei-lhe as pernas. Isso foi para restituir o seu centro de gravidade. Sou velha e frágil. Como poderia manipular um homem do seu tamanho usando a força dos músculos?"

Apesar de minhas dúvidas, meu corpo sabia que jamais encontrara mãos tão fortes e incisivas do que as da senhora Matsuura. Minha descrença foi dissipada dois anos depois, quando assisti a uma demonstração da senhora Matsuura trabalhando com o ki, demonstração que lograva confundir tanto a crença médica convencional que me tornei de imediato um adepto do poder do ki.

Perguntei: "Essa é a razão de as suas mãos e dedos serem tão quentes — por estarem carregados de ki?"

Ela achou graça disso. A julgar pelo modo como riu, soube que ela haveria de bater recordes na próxima convenção de praticantes do ki.

"Mãos quentes disparando balas de ki no osso e no tecido vivos", ela se riu. "Talvez eles me levem para Hollywood para fazer um filme de ação."

Furukawa entrou, atraído pela risada dela, que contou-lhe a piada. Ele a ouviu com a gravidade estudada do jovem mergulhado no trabalho da sua vida.

"Suas mãos pareceram quentes a você porque seu corpo é receptivo", disse ele, com ar altivo. "Seu ki absorveu o dela."

A senhora Matsuura acalmou-se ao ponto de falar: "Simplesmente, com algumas pessoas eu não consigo trabalhar. O ki delas é muito diferente do meu. Entrego-as a outro praticante. Nosso ki tem fama de ser bem-sucedido. Eu soube que você estava melhor depois do primeiro tratamento pelo modo como o seu ki reagiu. É possível perceber a reação por meio dos pontos no abdômen."

Pedi-lhe um último conselho, supondo que eu teria de seguir um regime muito rigoroso para impedir uma recaída.

"Banhe os pés até o tornozelo todas as manhãs por quatro minutos em água tão quente quanto puder suportar. Isso lhe estimulará os nervos. Não se envolva demais com o trabalho. Modere-o com distrações. Arrume uma namorada. Faça uma viagem. Dance e se mantenha ativo. Você descobrirá que, em conseqüência do seu tratamento, seu corpo é mais sensível aos estímulos ambientais do que antes. As mudanças nas estações, a umidade e a seca, coisas do tipo. Faça o tratamento numa base regular. Há muitos praticantes bons em Tóquio, a maior parte deles melhor do que eu mesma. Encontre um de que goste para um tratamento mensal, sobretudo nesta época do ano, quando o inverno vai dando lugar à primavera. O ki é para promover e conservar a saúde. Seu poder de cura é secundário. Meu trabalho é ajudá-lo a aumentar sua capacidade para a cura. Algumas pessoas podem ser bem saudáveis; outras nunca podem. No entanto, é melhor ser tão saudável quanto possível. Meu palpite é que o seu corpo vai querer continuar com o trabalho do ki."

Recuperei o peso perdido em quatro meses, uma das experiências mais prazerosas da minha vida. As refeições não eram em grandes quantidades, mas freqüentes. A senhora Matsuura controlou o meu peso e considerou-o adequado. Amigos e colegas, perplexos com a minha recuperação acelerada, pediram para que eu os apresentasse à pessoa que realizara os milagres. O doutor Shibata foi ver a senhora Matsuura por causa de um problema constante nos rins. Ele estivera se tratando sem êxito durante anos. Ela o curou em vinte minutos e o aconselhou quanto a prestar mais atenção a sua postura. Ele nunca mais se viu molestado pelo problema. Dois de seus amigos médicos com problemas crônicos nas costas foram procurá-la, foram curados e de imediato a denunciaram como charlatã. Os métodos dela, disseram, violava qualquer prática médica conhecida. Uma mulher que eu conhecia foi curada de infertilidade, contou o fato a seus amigos e de imediato vi-me prestes a me tornar um tipo de alcoviteiro da medicina.

Eu via a senhora Matsuura uma ou duas vezes por mês. Meu tornozelo voltara ao lugar, e eu sempre me sentia cheio de energia e ânimo depois de uma sessão com ela, coisas que eu buscava em grandes doses enquanto trabalhava para me recuperar das perdas financeiras em função de ter estado tanto tempo afastado. Eu ficava cansado e febril depois de cada sessão, e dormia e suava no trem na viagem de volta, considerando isso como um indício de saúde. Deixei de tomar banhos ou de beber álcool nas 24 horas seguintes a cada sessão. O calor e o álcool relaxam o corpo, o que o inclina a recair nos maus hábitos, ela explicou. Reserve a você mesmo 24 horas para que o tratamento se estabeleça e os músculos se adaptem a sua nova configuração; depois, beba durante o banho se assim preferir. As pontas dos meus pés ainda formigam e ficam frias de quando em quando. Ela me assegurou que isso fazia parte da natureza das coisas. O nervo ainda estava se estabelecendo. Minha coxa direita inchou e me doía tocá-la. Ótimo, ela exclamou. A reação perfeita a uma mudança na estação, de frio para calor. Eu não podia fazer nenhum mal ao corpo. Se eu fosse atropelado por um ônibus, ela me consideraria em melhores condições do que antes.

Eu estava me tornando o mascote dela. Ela elogiava aos outros o meu corpo sem restrições, e por vezes me apontava como um modelo de Cura

1.299,00
499,00

1 798 00

Freezer -

gilmar955e
yahoo.com.br.

Curso Avançado de Pulsologia Chinesa

4a. Turn

Ministrante: Henrique Affonso Souza
Acupunturista

Início
11 de Agosto

I Ching no pulso;
Pulso carotídeo-radial;
Pulso por quadrantes;
Microssistema no pulso;
As classificações de So
de Mourant e Mai Jing;
Dentre outros.

Um curso abrangente envolvendo teoria e prática dos conceitos clássicos avançados e atualizados de Pulsologia Chinesa

Apoio:

CLIMAP® Medicina - Acupuntura - Psicologia

INSTITUTO 泰 TAI

Inscrições:

3349-9960/ 3274-4030

pulsologia_chinesa@hotmail.com

Por meio do Ki. Pessoas com dores de cabeça, dores nas costas, ciática, esterilidade, problemas circulatórios punham-se à minha volta, querendo ouvir a minha história. Eu era como aquelas fotos de propaganda com um "antes e depois" anunciando um curso para o trabalho com o corpo. A ciática jamais me pegaria de novo. Os que me ouviam confirmavam suas expectativas com a senhora Matsuura e eram estimulados em sua determinação de seguir seu tratamento até o final. Algumas mulheres, preocupadas com as futilidades da moda, chegavam a me perguntar se o meu cabelo anelado era obra da senhora Matsuura. Um dos seus tratamentos custara a metade do preço de uma permanente.

Furukawa e eu nos tornamos amigos depois que mostrei interesse pela filosofia de cura do ki. Ele foi paciente com a minha ignorância, dando explicações e fazendo demonstrações, até que assimilei os fundamentos. Ele me instruiu nos exercícios a serem feitos em casa, os quais me conservariam em boa saúde. Insistiu que em tempo os exercícios aumentariam a minha sensibilidade a estímulos exteriores, que meus cinco sentidos se expandiriam até a sua capacidade máxima. Decerto houve uma mudança, mas não posso dizer que naquele momento eu estava consciente dessa sensibilidade aumentada. O que aconteceu foi que me tornei mais sensível e suscetível ao tratamento da senhora Matsuura, e desenvolvi a tendência de bocejar com freqüência, apanhar resfriados e sair deles depressa. A senhora Matsuura estava contente. Furukawa demonstrava uma alegria juvenil, como se eu lhe tivesse dado um presente. Eu, por outro lado, me queixava em demasia apenas para ouvir que o bocejo é um sinal de saúde e que os resfriados são essenciais para o mecanismo de auto-regulação do corpo. Que eu devia dar graças a Deus por cada resfriado, devia banhar os pés, colocar compressas quentes na nuca e sobre o nariz, e me lembrar de como a minha coriza e meus olhos cheios de lágrimas estavam me deixando saudável.

Descobri que a senhora Matsuura tinha oitenta anos quando ouvi sem querer uma conversa. A um homem angustiado com o fato de estar envelhecendo, ela disse: "E você só tem 75. Deveria ter vergonha de você mesmo. Quando chegar à minha idade vai ter o direito de se queixar. E eu não vou ouvir porque ainda terei cinco anos mais do que você."

A idade para ela era como um traje leve que se lhe ajustasse ao corpo. Desde há muito eu havia parado de pensar nela como uma velha em função de seu vigor surpreendente. Ela trabalhava seis horas por dia, descansando sempre no quinto dia para fazer compras. Alguns dias, trabalhava sete ou oito horas, pois nunca mandava as pessoas embora, mas lhes dispensava tanto tempo quanto fosse necessário para um tratamento eficaz. Tinha uma memória prodigiosa. Falava como trabalhava, fazendo perguntas sobre o marido, a mulher, as crianças, os acontecimentos na escola, as férias e os tratamentos de pessoas de quem havia tratado anos antes. Sempre demonstrava interesse pelos seus pacientes mais íntimo e intenso do que as convenções sociais exigiam. Pensamentos passageiros e observações triviais ficavam armazenados em sua memória, para serem usados no momento apropriado a fim de transmitir novo vigor ao paciente por meio de recomendações quanto à vida desse paciente.

Ela parecia ter uma rixa com o cabelo. Nunca vi seu cabelo senão desgrenhado ou com nova coloração. Ela preferia que lhe retalhassem o cabelo a tê-lo cortado. Dizia que era tão feia, que não importava a aparência do cabelo, quer longo quer comprido. As cores extraterrenas eram acidentais, ela confessava. Buscava uma cor que pudesse visualizar, mas não era capaz de defini-la. Daí as mudanças de cor sem fim e infrutíferas, à proporção que passava de experiência em experiência. Os pacientes, sobretudo aqueles a quem curava, cumprimentavam-na efusivamente a cada nova cor mensal. Por fim, também acabei-me juntando ao coro. Ela ficou aborrecida quando fiz isso, pois me julgava uma pessoa de gosto e inteligência.

Um ano depois de encontrá-la, a direção da organização aposentou-a, e a prática do Odawara foi assumida por Furukawa. A senhora Matsuura não demonstrou nenhum sinal de desapontamento, e estimulou seus pacientes a darem a Furukawa seu apoio. Mandou fazer cartões anunciando sua entrada para a prática privada e enviou-os em sinal de cortesia a cada pessoa em seus arquivos.

Ela trabalhava fora de casa, cumprindo o mesmo horário e cobrando os mesmos 3.000 ienes (na época, 20 dólares) por sessão. Sua casa era pequena mas confortável, com um pequeno jardim. Ficava perto da clínica da organização. Seu marido também era um praticante, três anos mais moço do que ela. Suas salas de tratamento eram separadas. A da senhora Matsuura era de longe a mais ampla das duas, como convinha à sua prática. O marido se aprazia na perícia médica superior da mulher e freqüentemente recomendava a ela casos difíceis. A maior parte do tempo ele ficava longe dos olhos em sua área de trabalho. Por vezes, via-o na cozinha, a cabeça apoiada nas mãos, caneta e papel à sua frente. Descobri depois que ele escrevia poemas e compunha ensaios complicados sobre a necessidade de integrar os fundamentos da física atômica nos princípios de saúde do ki. Fizera seu mestrado em saúde na Universidade da Califórnia. Os dois anos seguintes transcorreram sem novidades entre mim e a senhora Matsuura. Via-a regularmente, dedicadamente. Ela sempre aguardava as minhas visitas. Nelas acabou por desenvolver-se menos uma amizade do que um cálido relacionamento. A amizade veio depois, quando ela descobriu o bom filho que eu era.

Capítulo 2

A ciática é uma coisa diabólica. Exorcizada, minha ciática buscou um novo possesso, e em pouco encontrou um em minha mãe, Marty. A viagem dela de Tóquio a Miami durou oito semanas.

Minha mãe suportou as pontadas por quatro meses, depois tirou raios X e tomografias. Os resultados foram desanimadores. Ela não tinha discos entre as vértebras lombares. Estas atritavam umas contra as outras, irritando o nervo ciático. Daí a aguda dor nas costas que acompanhava a ciática na perna direita. O único remédio era uma operação para fundir as vértebras numa massa sólida harmônica. Essa operação teria de ser feita mais cedo ou mais tarde, diziam os médicos. Por que postergar o sofrimento inevitável e intenso, passando por terapias alternativas ineficazes? Eles a lembravam da radiografia, a prova implacável sobre que baseavam seu diagnóstico e prognóstico. Ela os carregava ao passar por diversos terapeutas alternativos, esperando que alguém os pudesse interpretar de uma forma que admitisse a possibilidade do alívio não-cirúrgico. Ninguém conseguia.

Depois de três meses de peregrinação infrutífera até centros reconhecidos em que se usava a técnica de Alexander, a de Feldenkreis, a acupuntura, o tratamento osteocraniano, ela chegou ao limite de sua resistência física. Diferentemente de mim, engordou com a ciática. Ao vê-la irradiando vida e rechonchuda, os amigos e colegas não acreditavam nas queixas que ela fazia quanto às dores crônicas. Ela lograva pouca simpatia. Intelectuais usavam delicadamente palavras tais como hipocondria para explicar sua condição; outros disfarçavam sua aspereza valendo-se do estilo "da triste verdade", e diziam que ela estava inventando coisas. Por isso, ela começou a ter crises de choro, e concordou em ir para o Japão para que a senhora Matsuura a examinasse.

O verão de 1984 foi o pior de Tóquio em cinqüenta anos. Como se os padecimentos crônicos não bastassem, tempestades de neve, estradas cobertas de gelo, o serviço ferroviário interrompido e um sistema de calefação incapaz de fazer face ao clima gelado acrescentaram-se aos tormentos de Marty. Viagens a cada três semanas a Odawara se realizaram com tantos obstáculos à saúde e bem-estar que encontrar a casa de Matsuura a salvo assumiu a natureza de uma busca perigosa. E, como com todas as formas de busca, o desejo da recompensa no final da viagem tornou-se avassalador.

A casa de Matsuura era quente e iluminada, um agradável contraste com as agruras causadas pelo clima em Tóquio. Um lado da casa, que dava para o jardim, se compunha de janelas envidraçadas indo do chão ao teto. O sol do Pacífico aquecia o vestíbulo que era a sala de espera da senhora Matsuura. Os pacientes se sentavam com as costas contra a vidraça, absorvendo o calor. Haviam colocado um tapete, para que não houvesse necessidade de meias grossas. Desde que ela se aposentou, a maioria de seus pacientes era composta de mulheres. A humildade e o decoro predominavam em sua casa; as pessoas não ficavam mais escarrapachadas, cochilando na sala de espera. A senhora Matsuura conservava fechadas as portas de correr com seu papel branco quando trabalhava com as mulheres, e Marty foi incapaz de ter um vislumbre dessa mulher enquanto não chegou sua vez de vê-la.

Durante os três anos que eu estivera visitando a senhora Matsuura regularmente, havia-me encantado com sua personalidade e respeitava muito sua grande energia. Achei graça, portanto, ao entrever na expressão de Marty, quando esta foi apresentada à anciã, uma cópia perfeita da primeira impressão que eu tive. A compleição miúda da mulher e seu cabelo pavoroso claramente não inspiraram confiança. O guarda-roupa de inverno da senhora Matsuura — uma jaqueta forrada e se estendendo aos quadris, e calças de lã roxa e grossas — dava a impressão de algo tão pesado que enfatizava a miudeza de suas feições. Marty estava acostumada às massagens de praticantes fortes e robustos de ambos os sexos, e antevia poucos benefícios por parte de uma mulher da metade do seu tamanho.

A senhora Matsuura leu o exame da distribuição de peso de Marty com atenção, mas não deu nenhum sinal de que algo estivesse errado. Marty ofereceu-lhe a prova dos raios X e das tomografias, mas a senhora Matsuura se recusou a vê-las. "Na ortopedia, os raios X são como espelhos", disse ela. "Eles mostram a aparência das coisas, não a verdade das coisas. Só são úteis aos que foram treinados para diagnosticar sem tocar."

Ela procedeu a um exame rápido do corpo de Marty por meio do toque, primeiro as costas, depois a parte da frente do corpo. Fez vários círculos em torno dos resultados obtidos a partir das posições diferentes no exame e mostrou-os a mim. "Não se esqueça destes. São o que vamos mudar." Depois de dois minutos tocando o corpo de Marty e alisando-o, ela afirmou que esta se achava em excelente estado de saúde. Foi uma *performance* clássica. Pulso, reflexos, cérebro, órgãos internos e metabolismo — tudo saudável — gorda?, não gorda no sentido clínico. Só está mais pesada do que antes. O corpo dela mudou, mas o que há de errado nisso no caso de uma mulher que está entrando na casa dos 60? Esqueça. O caso dela é claro: só duas sessões são necessárias.

Minha mãe não tinha percorrido todo aquele caminho até o Japão sob um inverno mortal para ouvir um diagnóstico tão otimista. Ela piscava repetidamente, hesitando em dizer algo. Talvez, ela disse por fim, eu estivesse equivocado. Talvez não tivesse conseguido comunicar a gravidade de sua enfermidade. Talvez a senhora Matsuura realmente gostasse de dar uma olhada na radiografia. A senhora Matsuura não olhava as coisas a partir do corpo de Marty. "Sua mãe se aborrece à toa. Diga-lhe que relaxe", falou.

A senhora Matsuura tinha uma nova assistente, uma jovem mãe de dois filhos. Esta era baixa, atarracada e alegre, ajudando a senhora Matsuura com o trabalho sobre os músculos que antes fora tarefa de Furukawa. Essa assistente não tinha intenção de se tornar uma praticante. Ela admirava a senhora Matsuura e queria estar na sua companhia, aprendendo técnicas fáceis de conservação da saúde que pudesse usar com os filhos. A senhora Matsuura fora professora por tempo demais para deixar que um ouvido ansioso lhe escapasse, e fazia com que sua assistente estivesse presente ao dar seus diagnósticos imediatos.

"O corpo se inclina para a esquerda. As pontas dos dedos voltadas para dentro. Ossos da costela proeminentes. Pélvis dilatada. Hum! Alto centro de gravidade. Conta com o cérebro em vez de com as emoções. Pensa muito. Tendência à introspecção. Pessoa cheia de energia. É isso." Marty considerava sem sentido essas observações pouco sistemáticas. A anciã nem sequer mencionara sua coluna. Eu sabia que as observações eram significativas, mas só para a senhora Matsuura.

A interpretação estava ficando precária. Eu tinha de aplacar a curiosidade e a angústia de uma sem irritar a outra nem pôr seu tempo a perder. Marty não estava se satisfazendo a contento e adotava uma atitude de fé cega com respingos de ceticismo. Só quando a senhora Matsuura ajoelhou-se sobre ela e começou a trabalhar foi que minha mãe sentiu que, apesar de tudo, algo podia resultar do tratamento. As primeiras palavras da senhora Matsuura assustaram Marty.

"Você dorme muito mal, não procura dormir. Não tem prazer em dormir."

"Ela está certa! Como descobriu isso? Pergunte-lhe", Marty exigiu. No seu caso, é uma questão de orgulho o fato de ela ser uma das pessoas que mais dormem mal em toda a história.

"Está bem aí, no corpo", replicou a senhora Matsuura rispidamente, como um artesão que conhece o ofício. Ela passou alguns minutos sentindo as vértebras lombares mas não trabalhou nelas. Curiosamente, concentrou a atenção no sacro e no cóccix, sobre os quais trabalhou a ponto de suar depois de dez minutos. Primeiro pôs a palma da mão sobre o cóccix e irradiou-lhe ki por cerca de cinco minutos. Depois fez com que sua assistente abrisse as pernas de Marty, colocasse os polegares em cada lado do cóccix e exalasse profundamente, dizendo a Marty que a acompanhasse. À proporção que exalavam em uníssono, a assistente apoiou-se sobre os polegares e assim continuou até que o ar se esgotasse. Enquanto se apoiava, a assistente irradiou ki através dos polegares. A senhora Matsuura sentiu próximos os resultados e, depois de fazer ligeiros ajustes, fez suas mãos deslizarem sobre a coluna de Marty por alguns minutos, examinando bloqueios na linha neutra.

Depois, ela passou às pontas dos dedos do pé direito. Ela puxou e beliscou, pressionando o polegar sobre o tornozelo. Marty sentia a dor aflorando súbita, mas nada que fosse insuportável. Isso durou por cerca de quinze minutos. Ela embalou a cabeça de Marty nas mãos e pressionou um ponto acima do seio direito. Marty ofegou com dor. A senhora Matsuura pressionou outro ponto sobre a caixa torácica logo abaixo do seio esquerdo. Esse ponto também era delicado. Irradiou para esse ponto e para um segundo ponto na caixa torácica certa dose de ki e depois pressionou ainda mais forte o segundo ponto. Não houve dor. "Você vai dormir saudavelmente por enquanto", ela disse a Marty.

Por fim, fez que Marty se sentasse sobre os joelhos e depois a senhora Matsuura ajoelhou-se por sobre ela. Colocando as mãos sobre as têmporas de Marty, irradiou o ki para o cérebro durante cinco minutos. Depois, declarou minha mãe como estando oficialmente curada. "A primeira sessão é a cura. A segunda sessão será fazer a cura permanente. Volte daqui a uma semana. Mais uma sessão rápida e você pode voltar para os Estados Unidos e prosseguir com sua vida. Não vai ser ótimo?" Fez um gesto para sua assistente quanto a mandar entrar o próximo paciente.

Marty não achou que seria ótimo. Primeiro, não queria esperar uma semana. Sua temporada no Japão era breve, e tratamentos diários eram fundamentais em todas as outras terapias que tentara. Ela me fez declarar à senhora Matsuura que queria grandes doses de tratamento. Mas havia uma outra razão, esta essencial. A idéia de que ela pudesse ser curada em duas sessões estava fora dos limites da probabilidade, e isso aumentava-lhe o sofrimento e invalidava o esforço de ter ido ao Japão. Era como se, tendo suportado tanto, fosse insuportável a idéia de ser curada nas primeiras onze horas de sua estada. A senhora Matsuura deveria estar monitorando suas condições de momento a momento, completando o curso do tratamento com uma adaptação vital no Aeroporto de Narita, à proporção que minha mãe embarcava no avião de volta para casa.

As duas mulheres pechinchavam enquanto eu bancava um honesto corretor da bolsa. Chegou-se a um consenso de três visitas por semana, a sessão seguinte dali a três dias.

A senhora Matsuura estava resignada. "Suponho que, já que ela percorreu todo esse caminho, seria cruel não dar-lhe o que ela quer", disse ela. "Mas, honestamente, duas sessões bastarão. Não se preocupe; de qualquer forma; estou admirando sua piedade filial [em japonês *koko*]. Você conhece o ditado, 'Quando por fim deixei de querer sentir *koko*, meus pais morreram.' Essa é sua oportunidade de sentir *koko*."

Pedi instruções a fim de as transmitir a Marty. Ela me deu as duas previsíveis: banhar os pés e sair para se divertir. "Isso é em benefício dela", acrescentou a senhora Matsuura, demonstrando certa irritação. "Você pode ou não dizer isso à sua mãe — como preferir. O estado de saúde dela é muito menos grave do que o seu naquela época. Ela não vai ter nenhuma reação violenta, nenhuma *gedoku* violenta. Ela tem um sistema sensível, de forma que a reação virá rapidamente, mas o curso da cura será gradual. A idade, é claro, é um fator, mas também o temperamento do corpo dela é um fator."

No caminho para a estação, Marty escorregou numa camada fina de gelo e caiu sobre o cóccix. Começou a chorar, não de dor, mas de frustração e medo quanto a ter estragado o trabalho da senhora Matsuura. Quis voltar de imediato para ser atendida, mas eu a persuadi de irmos para casa e afirmei que o tratamento da senhora Matsuura não seria invalidado em função de uma queda.

Nessa noite, minha mãe teve muita febre e náusea. Vomitou duas vezes. O tratamento entrara em vigor. Marty não ficou convencida. Acreditava mais na gripe do que na senhora Matsuura. A dor nas costas e na perna estava pior de manhã, e piorou ainda mais nos dias que se seguiram. Eu a deixava confusa e irritada com a minha alegria diante do agravamento da sua condição. Ela, também, esperava o alívio imediato da dor, ou pelo menos uma diminuição. A dor mais forte a aborrecia. Ela começou a dizer coisas entre os dentes acerca da "arrogância" da senhora Matsuura ao ignorar os raios X. Marty ficou deitada na cama por dois dias, ora ruminando ora lendo *À Sombra do Vulcão* de Malcolm Lowry, que, perversamente, causava-lhe júbilo.

Senti-me estimulado pelo otimismo que ela demonstrou quando saímos para a segunda sessão. Ela estava determinada a agir com coragem, e isso era uma bênção. Uma borrasca violenta interrompeu os serviços ferroviários para Odawara, e levamos três horas para chegar lá. Só alguns habitantes da região estavam lá para o tratamento naquela manhã, e Marty seria atendida na última sessão daquele dia. "É isso mesmo. Vai ser uma tarefa difícil", disse ela, enigmaticamente. "É provável que eu me sinta esgotada no final."

Como ia ser difícil tornou-se claro no momento em que ela fez Marty tirar o sutiã e a calcinha. Até os pacientes em condição muito grave eram tratados sem a necessidade de tirar a roupa. Quando Marty estava deitada de costas no tatame, a senhora Matsuura chamou sua assistente e apontou para os ossos dos quadris de minha mãe, que eram o objetivo do dia. Depois, ela fez Marty postar-se diante de um grande espelho.

"Aberto demais", ela disse à assistente, um pouco parecida com um crítico de arte avaliando uma estátua. "Olhe os quadris dela no espelho. Você pode constatar como eles se dilataram."

Ela pressionou a cintura e o busto macios de Marty, friccionando a pele como um costureiro que examinasse o tecido. "Diga a sua mãe que vou dar-lhe uma nova cintura e deixar mais arrebitado o seu busto. Peça-lhe que se olhe no espelho agora e que não se esqueça do que está vendo."

Depois, pediram a Marty que retomasse sua posição no chão. A assistente sentou-se à esquerda de Marty e a senhora Matsuura à direita. Esta colocou as mãos sobre o quadril de Marty, espichou-lhe as pernas e com a palma das mãos envolveu-lhe o ombro, para escorá-la. "Faça isso para que ela não escorregue no tapete", disse à assistente. Quando esta estava preparada, a senhora Matsuura colocou a palma da mão sobre o osso saliente da cintura, fechou os olhos e respirou profundamente por um minuto. Marty e a assistente, totalizando juntas cerca de 110 quilos, foram impelidas para trás no tapete.

A senhora Matsuura queixou-se para mim: "Ela não pode deslizar. Fique aí e ajude a segurar sua mãe." Assumi a minha posição. A senhora Matsuura recomeçou e nos empurrou aos três para trás. Caí de cara sobre o tatame, os pés contra a parede do fundo, os braços estirados, as palmas sobre o quadril esquerdo de minha mãe. Marty foi empurrada na direção da senhora Matsuura.

"Está ótimo", disse a anciã, recomeçando o trabalho pela terceira vez. A força que emanava de suas mãos era muito forte, como uma pressão entorpecedora. Minhas costas foram a primeira parte do meu corpo a sentir essa força; depois, os meus braços, que começaram a tremer em função da tensão, e, por fim, minhas pernas. A tensão sobre os joelhos fez com que eles se curvassem, e eu tinha de me concentrar para mantê-los hirtos.

A senhora Matsuura acertara o passo. Convocara um batalhão de ki, enviara-o, fazendo um grande esforço, e agora era capaz de contribuir para seu avanço com um mínimo de concentração. Ela pôs-se a discorrer sobre fatos então atuais e sobre os preços do arroz. Não era um escândalo? O governo estava verdadeiramente armazenando o arroz para que os preços subissem. Em pouco iam estar pagando aos fazendeiros para não plantar. Pode imaginar isso? Ora, eu nunca poderia!

Ouvi um rangido distinto e ameaçador — um filme de terror, a porta de um calabouço sendo aberta num estrépito — e levantei a cabeça para ver o que havia produzido esse som. O quadril de minha mãe se movera. A senhora Matsuura o estava pressionando para dentro, lentamente, na direção do quadril esquerdo. O ruído rangente cessara e o osso parecia estar se voltando facilmente. Minha mãe não sentia dor alguma, embora tivesse impressões estranhas. A ponta do osso continuava no seu movimento ascendente, a modo de arco, e então parava. A senhora Matsuura parou de falar e seu rosto adquiriu novamente um ar de seriedade. Ela fechou os olhos e respirou fundo, exalando o ar lenta e intensamente. No quadril, ouviu-se um som semelhante a gelo se quebrando, e ele começou a mover-se de novo. A senhora Matsuura retomou o resumo das notícias. Tentou incluir-me nele e transformar o monólogo em conversa, mas eu não tinha mais forças. O fato de segurar firme a minha mãe esgotou-me as energias, e fez-me resmungar polidamente em intervalos apropriados. Tampouco Marty tinha o mínimo interesse em opinar sobre as coisas que estavam ocorrendo no mundo; ela parecia hipnotizada pelas sensações que lhe percorriam o corpo.

Vinte minutos depois que havia começado, a senhora Matsuura fez com que os quadris voltassem à posição desejada. Tomou o pulso de Marty e sentiu as vias neurais. Depois, descansou, abatida e sem ar. Quinze minutos depois, o lado esquerdo dos quadris recebeu o mesmo tratamento e com as mesmas conseqüências. Quando ficou satisfeita, ela fez com que Marty se virasse, e irradiou ki para toda a parte inferior das costas. A senhora Matsuura descansou mais quinze minutos e depois passou a trabalhar na cintura. Pôs-se a amassar a carne como se fora uma pasta, e assim continuou por alguns minutos, e com ambas as mãos. A seguir, pressionou a pele para dentro e para cima por mais alguns minutos, mantendo a cintura na posição desejada e irradiando-lhe ki. O mesmo foi feito com relação ao busto de Marty. Por fim, a senhora Matsuura cobriu todo o corpo de Marty com as mãos, transmitiu ao seu pescoço e cabeça uma longa e intensa dose de ki e recuou, inteiramente exausta. Seu corpo se parecia mais do que nunca com o corpo de um pássaro. Eu a via como pela primeira vez em que nos encontramos: uma anciã frágil que parecia ter necessidade de ser levada para a cama. A sessão tinha durado quase duas horas.

Marty pôs-se de pé, e a senhora Matsuura fez uma avaliação do seu trabalho com as mãos. Ficou satisfeita. E assim deveria ficar, criando quase uma obra-prima a partir de um material que pouco prometia. Minha mãe estava com uma cintura diferente, e seu busto dava a impressão de estar mais empinado, como os seios de uma jovem. Os ossos dos quadris não se projetavam mais, porém, pareciam voltar-se para dentro. Minha mãe mal podia acreditar. Ela beijou as mãos da senhora Matsuura.

"Qualquer um podia ter feito isso", disse a anciã, um tanto atordoada, mas sem falsa modéstia. Acreditava-se apenas um soldado-raso no exército dos que trabalham com o ki. Havia oficiais acima do seu posto. "Não há nada mais a ser feito. É isso. Se ela fizer exercícios regularmente, garanto que o meu trabalho funcionará para o resto de sua vida. Se não se exercitar, dou-lhe apenas vinte anos", foi o que disse, bebericando a bebida fria.

"Quando ela diz que estou melhor, ela quer dizer que estou melhor estruturalmente?", Marty perguntou.

"De que outra forma poderia ser?", replicou a senhora Matsuura. "Ela está fisicamente perfeita e pode ir para casa." Mas Marty lembrou-a da "negociação" a que ambas se haviam entregado, e a senhora Matsuura acabou concordando em recebê-la dois dias depois.

"Posso trabalhar no sono dela, para diminuir a pressão sangüínea, fazê-la relaxar, dar-lhe algumas indicações quanto à postura — coisas triviais. Diga-lhe para sair e se divertir. O pior já passou. A partir desse ponto, é descer a colina. Sua constituição é jovial, e ela deveria se empenhar em ter momentos alegres. Se isso não for fácil para ela, vou sair com ela e ensinar-lhe pessoalmente essas coisas", prometeu a senhora Matsuura, sugerindo que saíssemos.

A experiência, até mesmo a mim que me havia iniciado nas modalidades do ki, apresentava um caráter sobrenatural. A senhora Matsuura era mais uma divindade do que um ser humano. Se era humana, então era o receptáculo terreno de um poder superior. Minha mãe e eu ficamos tão perplexos com a apresentação da senhora Matsuura que não pudemos falar de nada mais nos dois dias que se seguiram. No entanto, com o correr dos anos e a morte da senhora Matsuura, tenho dificuldade para lembrar a aura de vitalidade daquelas impressões originais e começar a questionar a minha memória. Não que eu duvide que os quadris de minha mãe voltaram à sua posição em função apenas do ki. O fato de minha mãe ter sido curada e de continuar em bom estado de saúde testifica o acontecimento. De preferência, eu me pergunto se não exagero nem mistifico um acontecimento trivial que se tornou notável pela minha falta de familiaridade com o ki. Desconfiando da minha própria memória, fiz minha mãe confirmar a exatidão do meu relato. Cada qual confirmou as lembranças que tínhamos do acontecimento. Desde então presenciei demonstrações do poder do ki levadas a efeito por outros peritos. Não lhe questiono o poder e o valor. A questão, a tristeza, é que mesmo com essa experiência original escorreguei de volta aos estreitos e previsíveis limites do pensamento médico ocidental. O que uma vez foi real torna-se improvável e, a julgar pela opinião dos médicos, impossível; mas, como disse, minha mãe e eu temos a nossa saúde, e isso deveria ser real o bastante para dissipar dúvidas desse tipo.

Voltamos ao meu apartamento, e tive grandes esperanças quanto a uma reação do ki em Marty. Não houve nenhuma. Lembrei que a primeira sessão fora de cura — daí a reação — e que a segunda fora preventiva — daí a falta de reação. No entanto, eu estava desapontado. O dia seguinte foi de sol. As últimas três semanas, sobretudo a semana que se seguiu à chegada de Marty, fora composta de horas intermináveis de vento e gelo. O brilho do sol era como uma fissura no clima gelado, talvez um momento decisivo. Chamar a isso de divisor de águas nos anais da meteorologia poderia ser ir demasiado longe; porém, depois de semanas de um céu sem sol, era fácil impressionar-se excessivamente. Com essa orientação era fácil traçar um ligeiro paralelo entre as novas e melhores condições do tempo e as melhores condições de minha mãe. Era um bom presságio.

O pior terminara; isso é o que a senhora Matsuura dissera. O tempo ia ser quente e ensolarado, com o cicio intermitente das aves. Marty melhoraria progressivamente. De fato, depois de uma boa noite de sono, ela talvez já tenha superado a dor, pensei, com o otimismo tolo de quem dormira pouco.

Marty estava-se lamuriando no cômodo ao lado. Era incapaz de se mover pela dor nos quadris, nas pernas e nas costas. Respirar também lhe doía. O que a senhora Matsuura fizera? O que saíra errado? Como ela poderia estar bem estruturalmente e ter aquelas dores? Tentei explicar a vibração dos nervos, mas sua dor não era desse tipo. Era uma dor muscular ou nos ossos, que parecia se irradiar da própria estrutura do corpo. Telefonei para Odawara, mas a senhora Matsuura já havia ido para casa, provavelmente para ralhar com os plantadores de arroz da região. Marty estava deitada com os dentes cerrados, num silêncio estóico, naquele dia. Conservei-me em simpática vigília perto dela.

A razão óbvia para sua condição não ocorreu a nenhum de nós. Dessa forma é que o medo provocado pelo intercâmbio de dor e simpatia pode enlouquecer os que mais querem ser curados. Marty e eu verdadeiramente nos apegamos ao nosso caráter obtuso quando a senhora Matsuura disse no dia seguinte, "Foram necessários vinte anos para que os seus quadris se abrissem. Eu os fechei em menos de uma hora. Não acha que seria estranho se você não sentisse dor?"

Ela fez Marty subir na balança que media e distribuía o peso e comparou o resultado com o anterior. A partir do que viu, estava claro que tinha havido uma mudança fundamental no corpo de Marty, mas não sabia interpretar as figuras e só podia imaginar que a mudança se dera da forma como a senhora Matsuura previra. Ela considerou satisfatórios os resultados e explicou, no modo retraído que lhe era peculiar, por que as coisas eram assim. Interpretei palavra por palavra, e minha mãe, como eu mesmo, continuou perplexa da mesma forma.

A senhora Matsuura realizou o que devia tornar-se o tratamento padrão para Marty, agora que ela havia sido "curada". Depois de percorrer a espinha rapidamente com o dedo a fim de cobrir as vértebras e se assegurar de que elas estavam individualmente alinhadas, a senhora Matsuura irradiou ki para os quadris, a parte inferior da coluna, o cóccix, a cabeça e o plexo solar. Detectou uma ligeira tendência à artrite na mão destra de Marty, o que se chama comumente de dedo-gatilho, e transmitiu ki para o ponto. Ela examinou os "pontos do sono" de Marty, que apresentavam tanta dor na primeira visita, e percebeu que respondiam bem ao tratamento. Marty disse que estava dormindo mais e de maneira mais profunda, apesar da dor.

Do começo ao fim do tratamento, a senhora Matsuura recitou um monólogo contínuo, a maior parte do qual em louvor de Marty e do seu corpo. Elogiou-lhe a jovialidade, o vigor, a coragem por ir ao Japão em busca de tratamento. Os cumprimentos foram simples e eficazes. Seus elogios eram assim, como se ela tivesse estado cega por tempo demais a coisas tão espantosas e não conseguisse reprimir seus arroubos espontâneos de alegria. Marty não estava acostumada a ser elogiada pelas pessoas na área da saúde e se perguntou se a senhora Matsuura não estava encobrindo fatos trágicos com palavras doces.

Marty começou a ter bons dias, quando a dor foi-se embora e ela se viu em condições de andar livremente. Fizemos viagens curtas para fora da cidade naqueles dias, e todas as vezes ela voltava para casa à noite irradiando satisfação e vontade por novos passeios. Inevitavelmente, a dor voltaria, mais intensa e debilitante do que antes. Nesses momentos, ela voltava para a cama, desolada. Oscilava entre uma fé otimista na senhora Matsuura e um profundo pessimismo. A senhora Matsuura continuou a encorajá-la quanto a deixar de lado a dor e sair da cama para se divertir. "Como posso me divertir estando em agonia?", queixou-se Marty à velha senhora.

"Vou ajudá-la. Vamos até uma *onsen* [estação balneária de águas quentes] juntas. Na semana que vem, meu marido faz oitenta anos, e vamos até uma *onsen* para uma festa. Por que não vem conosco? É um lugar lindo. O local dos banhos fica ao ar livre, escavado na rocha natural, com uma cascata gelada em seu extremo. Vamos ter bons momentos, e isso vai fazer com que se sinta melhor e com que sua recuperação seja rápida."

Durante a semana anterior à festa, o pessimismo de Marty predominou, e ela se sentiu convencida de que a senhora Matsuura não a havia curado "estruturalmente". Obrigou-me a marcar uma hora com o dr. Shibata para tirar raios X da parte inferior das costas no dia anterior a nossa ida para a *onsen*. O dr. Shibata não era médico ortopedista, mas se interessara pelo caso de Marty. Acreditava piamente na capacidade da senhora Matsuura, porém, ao examinar os raios X e as tomografias de Marty, teve dúvidas sobre se algo mais além de uma laminectomia poderia aliviar-lhe a dor. Ele concordou em tirar os raios X para compará-los aos que ela já tinha, a fim de se certificar das mudanças que a senhora Matsuura levara a efeito. A comparação não revelou nenhuma alteração. Marty ficou desolada. O dr. Shibata tentou consolá-la, dizendo que nem mesmo a senhora Matsuura realizava o impossível; seu caso era irreversível e o trabalho com as mãos não poderia dar conta dele. Suas palavras inspiraram pouquíssimo consolo. Marty olhou para os antigos e para os novos raios X e perdeu a fala. Eram idênticos. As vértebras lombares não tinham-se alterado em nada. A cura não poderia ter ocorrido.

Até eu me senti arrasado. Vi-me abalado pelo total abatimento do moral de minha mãe. Nada havia que eu pudesse oferecer pela explanação ou defesa da senhora Matsuura. Os raios X só podem mostrar a "aparência" das coisas, como ela havia dito, mas essas aparências eram concludentes, sobretudo à luz da palavra "estrutural" sobre que minha mãe e a senhora Matsuura haviam chegado a uma conclusão.

Eu jamais vira minha mãe entregar-se ao total desespero. Voltamos para casa em silêncio e fizemos a refeição também em silêncio. Minha mãe foi para a cama calada, e não pude pensar em nada alegre ou esperançoso para dizer. O encontro com a senhora Matsuura pela primeira vez me enchera de um otimismo vibrante e sem razão; era como encontrar um estranho que, temos certeza, traz consigo boas novas. Ora, em face do desespero de minha mãe, vime privado de qualquer esperança. Marty demonstrava pouca inclinação a ir para a *onsen* no dia seguinte, mas eu a persuadi de que ela deveria ir. Ela pôs na mala ambos os raios X.

O hotel era grande e elegante. A fonte de água quente era, na verdade, como a senhora Matsuura a havia descrito: um grande tanque escavado na pedra dando para uma ribanceira de onde se lançava a cascata gelada. A água parecia irromper e cantar quando batia nas pedras em seu curso. Pingentes de gelo aderiam às rochas que se projetavam de cada lado da cascata. Havia uma cabaninha de madeira onde nos trocávamos para os banhos. Já estava escuro no começo da tarde. Lâmpadas pequenas ocultas por trás das pedras e conglomerados de arbustos deitavam luz o bastante para guiar uma pessoa através do enorme lago. A água era quente e ligeiramente sulfurosa. O vapor se erguia em filetes ou ondas, de acordo com o movimento da água. Marty se relaxava e descontraía. Incitei-a a que não falasse à senhora Matsuura sobre seu problema naquela noite, mas que a deixasse às voltas com a festa de aniversário. Seria mais apropriado, eu disse, fazer-lhe perguntas no momento do tratamento na manhã seguinte. A senhora Matsuura oferecera a Marty uma sessão antes de deixarmos a *onsen*. Marty concordou, embora demonstrasse apreensão. A beleza do ambiente à volta e o calor das águas haviam feito muito para dissipar as trevas densas de suas emoções. Surpreendi-me readquirindo a habitual confiança na senhora Matsuura e senti que podia facilmente conter-me até de manhã a fim de chegar ao fundo da assim chamada mudança estrutural.

A senhora Matsuura tinha convidado dez pessoas além de mim e de minha mãe. Essas pessoas eram da região, e voltariam para sua casa quando as festividades se encerrassem. Só os Matsuura e os Fromm passariam a noite ali. Haviam-nos dado, a mim e a minha mãe, uma grande suíte com vista para um jardim retirado. A senhora Matsuura já havia pago pelo quarto. O preço era maior do que o preço que haveria de receber pelo tratamento de minha mãe.

A atmosfera da sala do banquete em estilo japonês era familiar e cheia de vida, quando ali entramos e nos indicaram nossos lugares no tatame. Marty recebeu um assento de honra, perto da senhora Matsuura. O gerente do hotel, as governantas, as camareiras e outros funcionários estavam na maior excitação por causa da anciã. A princípio, pensei que ela fosse uma hóspede regular cujos gastos constantes haviam agradado aos funcionários do hotel. Com efeito, ela tratara e curara todos os que trabalhavam no hotel de enfermidades que não era possível imaginar. Eles estavam honrados com sua presença naquela noite, e levaram os serviços de atendimento tipicamente japoneses a um nível que eu nunca encontrara antes.

Os convidados, também, tinham mais do que apenas amizade a ligá-los à senhora Matsuura. As efusões espontâneas de gratidão para com a mulher eram comoventes. Minha mãe e eu nos sentimos um pouco mais do que insensíveis por nutrirmos dúvidas acerca de sua competência, e eu decidi mencionar a questão de passagem e resolvê-la antes que a festa começasse. Seria uma pena ter algo em mente que pudesse diminuir o prazer da noite.

Eu disse: "Minha mãe tirou radiografia das vértebras lombares e não houve nenhuma mudança estrutural nelas. Isso a surpreende?"; eu disse isso de maneira tão branda que era como se eu estivesse falando a ela sobre uma compra que houvesse feito, e ela respondesse de modo igualmente sereno.

"Eu ficaria surpresa se tivesse havido. Nunca toquei nas vértebras lombares da sua mãe. Estão ótimas. Por que mudá-las?"

Navegávamos por águas profundas. Marty e eu ficamos tão chocados com isso que ficamos contentes por deixar nossas perguntas até a manhã seguinte. Marty se queixou de que eu tinha omitido a tradução da palavra *estrutural* ou havia feito a pergunta errada. Por enigmática que fosse a resposta da senhora Matsuura, ela deixou uma porta aberta para a esperança.

Trouxeram a comida em pouco tempo, pratinhos contendo pedaços delicados de peixes e vegetais, preparados e arranjados diferentemente. Propôs-se um brinde, e depois outro e outro. A refeição prosseguia, e cada pessoa se apresentava formalmente enquanto sentada. A maioria das pessoas era de meia-idade, mas havia dois adolescentes e um médico idoso responsável pela decoração da casa da senhora Matsuura.

No meio do jantar, um ator bêbedo entrou na sala, viu que cometera um erro e tentou sair cambaleando. Haviam-lhe pedido que fizesse alguma *performance* em outra festa no hotel; porém, como todas as portas no Japão são parecidas e ele estava bêbedo demais para perceber alguma diferença, acabou vindo fazer parte da nossa *soirée*. Estava vestido com os trajes mais esquisitos que eu já vira, algo como um ator de *kabuki* com aparência de vadio, usando roupas surradas, peruca dessecada e maquiagem exótica, aplicada assimetricamente. Os convidados pediram que ficasse e os entretivesse. Ele aceitou de imediato, não estava tão bêbedo quanto parecia. Pensei que sua embriaguez fosse uma encenação para entrar na sala — um pouco do tato japonês. Talvez não tivesse clientes à sua espera em outra parte do prédio, e fosse orgulhoso demais para passar de sala em sala à procura de trabalho.

Sua canção e dança eram uma paródia ridícula das famosas cenas do *kabuki*, e ele temperava suas canções com improvisos adequados ao aniversário. Apresentou-se por vinte minutos, tomou uma bebida enquanto os convidados faziam-lhe perguntas sobre sua vida e formação, e depressa ficou "bêbedo" demais para responder. Então, saiu cambaleando da sala. Tinha outras festas para animar naquela noite.

A senhora Matsuura ficou encantada com sua apresentação. Ela riu até gritar e se maravilhar com o fato de um bêbedo conservar tão bem o equilíbrio. Chamou o gerente para perguntar como uma pessoa com aqueles trajes poderia esgueirar-se para dentro do hotel. O gerente replicou que "ele costumava trabalhar lá" e que alguns dos convidados o achavam divertido. "Ele foi excelente", declarou a senhora Matsuura, dizendo ao gerente que lhe desse dinheiro. O gerente, com uma ligeira inclinação da cabeça e abaixando os olhos indicou que já havia feito isso.

Cada pessoa presente naquela noite fez uma apresentação para entreter os Matsuura. Uma mulher realizou uma dança tradicional, enquanto a filha a acompanhava no *shamisen*. Colocara um quimono enfeitado e uma peruca para a dança, que transcorreu lenta mas que teve um final emocionante. Um homem mostrou-se um contador de histórias divertido, saindo-se com tantos trocadilhos e frases de duplo sentido que desisti de as interpretar. Marty tinha de estar contente com as vozes tolas que ele fazia e com as risadas que as suas histórias provocavam. Ela então entreteve os convidados com um exercício mental elaborado para despertar as lembranças mais queridas. Por fim, o senhor Matsuura levantou-se e recitou um poema seu.

Era um homem baixo e atarracado, vestido com um quimono escuro. Ele aparentava ter menos anos do que na verdade tinha. Estava preparado para escrever versos elaborados, até obscuros, mas havia preparado *limericks* alegres para a ocasião. Quando os risos diminuíram, ele recitou um poema que escrevera para a mulher. Tratava-se de um poema afetuoso, com um trocadilho de ligeira sugestão sexual no final. A senhora Matsuura estava embaraçada pela demonstração pública de afeto, mas estava tão feliz quanto uma colegial.

A festa terminou cerca de 9h30. Chamaram táxis para levar os outros convidados para casa. Os Matsuura desapareceram no momento em que os últimos convidados haviam saído. Marty estava cansada e foi direto para a suíte. Fiz mais um banho de imersão demorado e satisfatório. Quando voltei para a suíte, encontrei Marty agitada, querendo falar com a senhora Matsuura. Havia dormido pouco aquela noite, mas relaxou consideravelmente no banho na manhã seguinte. Tentando várias interpretações das últimas palavras da senhora Matsuura acerca das condições de suas costas, ela estava se tornando frustrada e repetitiva.

Os Matsuura tinham um quarto no térreo próximo do jardim. Fomos lá depois de deixar o banho e encontramos a senhora Matsuura sozinha. Tendo terminado o café, ela estava contemplando o brilho invernal do sol no jardim. Tinha um olhar notadamente tranqüilo. Disse que não estava inclinada a fazer terapia naquele dia. De qualquer modo, Marty não precisava mais dela. A terapia do marido era mais apropriada às condições de Marty naquele momento, ela disse; contudo, concordou com conversar conosco enquanto ele não saísse de seu banho particular em água mineral. Uma vez mais, ela não quis ver os raios X.

"Eles só mostram ossos. Mas você tem mais do que ossos aqui. Tem músculos e ligamentos que movem os ossos, e eles não aparecem nos raios X. Além disso, não sei por que tiraram chapas das suas vértebras lombares em primeiro lugar. O problema não era esse."

"Mas os raios X mostram que não há discos entre as vértebras", redargüiu Marty delicadamente.

"E daí?", a senhora Matsuura estava impassível. "Sei disso. Também sei que as vértebras se fundiram perfeitamente. O nervo não sofreu a menor interferência, tampouco o movimento das vértebras lombares. Seus músculos têm certeza disso. Não, o problema estava no seu sacro e nos ossos do cóccix. Eles estavam na maior confusão. Eu os alinhei. Não acho que você tenha tirado raios X deles."

A senhora Matsuura considerou o silêncio de Marty como um "não". Ela suspirou e lançou um olhar pensativo. "Acho que eu deveria ter explicado, mas bem poucas pessoas fazem perguntas ou se interessam pelo processo, só pelo resultado. Vou-lhes dizer o que fiz, e isso deve pôr um fim às suas preocupações e perguntas.

"Seu exame indicou problemas no cóccix. Confirmei isso irradiando ki pela espinha dorsal. Não havia obstruções nas vértebras lombares; contudo, a passagem do ki através do cóccix estava obstruída. A saúde do cóccix está diretamente relacionada com os hábitos do sono, e, assim, supus que o seu sono era deficiente. E era mesmo. Os seus pontos do sono, se você se lembra, apresentavam muita dor. Não foi necessário um milagre para imaginar que você não só tinha um sono insatisfatório como também sequer queria dormir. Eis por que trabalhar para melhorar seu sono constituiu uma grande parte da cura.

"A seguir, sua cabeça mostra hiperatividade, seu corpo, inatividade. Você é dominada pela cabeça, o que também se relaciona com os problemas com o sono, mas isso não nos importa aqui. O que importa é que você tem uma vida sedentária, dificilmente exercita os músculos das costas de um modo significativo. Os músculos enfraquecem e se tornam flácidos. Não apóiam a espinha, que se afunda cada vez mais, fazendo com que os quadris se dilatem e o cóccix saia cada vez mais do alinhamento. O corpo humano sempre busca a saúde. Você talvez não tenha consciência disso, mas ele busca. Seu cóccix, fora do alinhamento em função da deficiência no sono, tentou realinhar-se de novo de alguma forma; contudo, sua espinha estava colocando tanto peso sobre ele que lhe impedia as funções. Imagine que você tenta sair da cama e se levanta só para descobrir que sente um peso esmagador no peito. Era a mesma coisa.

"Meu primeiro procedimento foi levantar a sua espinha para dar ao cóccix uma oportunidade de 'respirar', e depois corrigi o cóccix. Eu podia sentir o ki fluindo sem bloqueios através de ambas as pernas, e sabia que a sua ciática tinha terminado. A seguir, pressionei para cima os músculos da parte inferior das costas e fechei os seus quadris para colocar tudo no devido lugar. Isso é o que entendo por estrutural. Foi simples, embora cansativo. Você está curada. Agora, pode esperar que o nervo se assente e que a dor nos quadris passe. Meu marido pode dar-lhe exercícios para fortalecer os músculos das costas. Podemos também dar-lhe um exercício a ser feito sozinho em casa para conciliar o sono. Com uma quantidade razoável de sono profundo e exercícios eficazes, garanto que você não terá mais problemas com a ciática, pelo menos, desse tipo."

A senhora Matsuura fez como anunciou e exigiu que Marty passasse por uma série de "contorções" dobrando e espichando o corpo, contorções que lhe arrancavam caretas enquanto ela as fazia. Depois, perguntou à senhora Matsuura se tinha de continuar com os exercícios, ou se podia substituí-los por outros. "Os exercícios que ele mostrou a você foram projetados para pessoas que também detestam exercícios e raramente saem. Você pode andar, nadar, escalar montanhas, andar de bicicleta, esquiar, fazer o que quiser. O corpo foi feito para ser usado; mas use-o regularmente e com moderação. Você não pode realizar em duas semanas de exercícios violentos o equivalente ao movimento do seu corpo em dois anos. Andar mil milhas numa semana não será o bastante para todo um ano. Só ande um pouco a cada dia, e isso será o bastante."

Enquanto nós quatro esperávamos o táxi que nos levaria de volta à casa dos Matsuura, a anciã disse mais algumas palavras a Marty, que a estava irritando tentando pagar a nossa parte da festa naquela noite. "Foi um prazer para mim tratar de você, e estou ansiosa por fazer isso de novo. Considere isso como parte do seu tratamento. Sua fé quanto ao seu corpo é muito pequena. Seu corpo se inclina à saúde, e você tem de estimulá-lo. Isso significa esquecer a dor e se dedicar a atividades prazerosas. Você sabe que a forma mais certa de se libertar da angústia é mergulhar em alguma atividade que mantenha a sua mente longe de você mesma. No Japão, eles fazem as pessoas repetirem sutras, e isso parece realizar esse afastamento. Bem, o mesmo tipo de coisa é necessário para a doença física. Quando lhe digo para sair e se divertir, estou falando sério. Espero que a noite passada tenha-lhe sugerido possibilidades quanto a isso."

Marty ficou em júbilo na viagem de trem para casa, mas, ainda assim, cética. "Realmente, acha que estou melhor?", perguntou-me.

"Acho."

"Você realmente acha que o meu problema era o que ela disse?"

"Acho."

"Compreende que alguém podia ter-me cortado só para descobrir que não havia nenhuma razão para me operar?" Esse pensamento pareceu agradar-lhe. Ela gosta de poupar tempo e dinheiro. "Chame o dr. Shibata e pergunte o que ele pensa."

Eu estava inclinado a ignorar o que todos pensavam — à exceção da senhora Matsuura. A relação do sono com o cóccix seria difícil de apreender para o senhor Shibata, como seria o argumento dela de que as vértebras lombares estavam saudáveis. Objetei, mas Marty me pressionou. O dr. Shibata, como era de esperar, era um pessimista.

"Ela pode estar certa, mas, se está, isso vai contra toda a prática comum da medicina. Não posso imaginar ninguém vendo um raio X de suas vértebras lombares sem ter vontade de interná-la num hospital imediatamente. A senhora Matsuura sem dúvida conhece mais acerca do trabalho do corpo do que a maioria dos médicos, mas se ela é bem-sucedida nisso, acho que é um milagre." Seis meses depois da última manifestação de dor em Marty, ela ficou mais saudável e disposta do que nos dez anos passados, e o dr. Shibata disse que aquilo era um milagre.

Marty continuou estirada na cama, sofrendo de dores crônicas durante as duas semanas finais de sua estada de seis semanas no Japão. Vimos a senhora Matsuura regularmente. Ela estava com a agenda lotada numa dessas visitas, e Marty teve uma outra sessão estafante com o marido dela na sala ao lado; contudo, a senhora Matsuura ajudou Marty a dormir mais, além de fazer com que sua pressão sangüínea diminuísse, como no caso da cura da ciática, por meio do ki.

A anciã se comoveu até as lágrimas e de modo sentimental na última visita de Marty. "Vou perder você. Seu filho foi um modelo de *koko*, e isso é sempre uma coisa maravilhosa. Você tem muita sorte de tê-lo para cuidar de você. Gostaria de vê-los juntos outra vez. Mães e filhos formam belos pares." No fundo, ela parecia triste. Dava a impressão de considerar tristes e embaraçosas as despedidas.

"Você tem um corpo são. Faça exercícios. Obrigue-se a isso. Coma tanto quanto quiser, mas só enquanto o alimento lhe parecer saboroso. Quando você parar de sentir prazer, pare de comer — mesmo que ainda tenha um pouco de fome. Isso é sinal de que você comeu o bastante para satisfazer as necessidades do corpo. E, pelo amor de Deus, divirta-se! Não de vez em quando, mas torne isso uma parte da sua vida."

Marty chorou e agradeceu entusiasticamente. As portas foram abertas e o jardim ressequido com a neve do começo de março e as poças de água estendiam-se diante de nós. A cena combinava com a melancolia do adeus. Marty ficou comovida e sentiu gratidão pela anciã.

"Fiz muito pouco", disse a senhora Matsuura. Os japoneses se cumprimentam pouco, sobretudo a geração da senhora Matsuura. Mesmo assim, ela realmente parecia crer que suas forças eram limitadas, e que sequer valiam o tempo e os gastos que se poderia ter de despender para ir de Tóquio para vê-la, para não falar de Miami. "Você é saudável, mesmo que ainda não sinta isso. Eu só ajudei o seu corpo a recuperar a saúde que ele buscava. Qualquer um poderia ter feito isso."

Marty pegou as mãos magras da anciã e perguntou se ela gostaria de um presente. Dinheiro? Roupas? Jóias? Algo inútil e tentador? A senhora Matsuura ficou confusa. Passou os dedos pelo cabelo curto e de diversas cores, e friccionou a testa. "Que desperdício com uma velha como eu. Esse tipo de coisa é para os jovens, que são bonitos. Eu tenho dinheiro bastante para viver. O dinheiro e essas coisas são inúteis, e só são tentadores para pessoas inúteis. Eu não sou assim."

Marty continuou a pressioná-la quanto a aceitar algo. Por fim, a senhora Matsuura sorriu maliciosamente. "Há uma coisa de que eu gostaria. Não sei onde fica Miami. Não sei como é lá. Mas saberia se tivesse terra de lá. Envie-me uma caixa de terra de Miami. A terra é íntegra e duradoura. É o que une as pessoas. Se eu tiver um pouco da sua terra, sempre terei você. Viverá aqui, comigo. Não quero dar-lhe trabalho nem despesas. Quero viver com você e mostrá-la aos outros. Mande-me terra."

"Mas não há nenhum valor na terra", Marty protestou. "Posso enviar-lhe um pouco de terra e dar-lhe também um outro presente."

"Vou mostrar-lhe o valor da terra", a senhora Matsuura bradou, e agachou-se, parecendo um caranguejo sobre o tatame em busca de algo numa prateleira baixa. De lá tirou uma caixinha e, por sua vez, um saco de cetim. Dentro desse estava a semente de uma sequóia que eu lhe dera dois anos antes como lembrança de minhas férias de verão na Califórnia.

"Imagine só", disse ela, "essa sementinha produz uma das coisas maiores e mais antigas do mundo. Algumas são tão velhas quanto o Japão e, como o Japão, vêm da terra. Quando mostro isso às pessoas, elas ficam espantadas. Há um cartão postal de uma sequóia que as pessoas levam quando vão embora. Veja isso! A natureza não é fantástica?"

Marty desistiu de tentar recompensar a senhora Matsuura com bens materiais e se resignou a mandar-lhe a terra. A senhora Matsuura curvou-se em sinal de gratidão pela generosidade de minha mãe e então foi-se ocupar do paciente seguinte. Marty se afastou cambaleando e aguardou o milagre.

Essa história tem um final divertido. Assim que voltou a Miami, Marty foi até a praia e pegou um quilo de areia e uma dúzia de conchas, que de imediato empacotou e enviou para a anciã. Deu-se ao trabalho de enviar o pacote por avião. Ela telefonou para me informar que a senhora Matsuura estaria recebendo o presente em dez dias.

Passou-se um mês, e nenhuma notícia do pacote. Marty ficou ansiosa e foi pela segunda vez à praia como medida de cautela. Eu estava certo de que o pacote se perdera no correio, e estava prestes a dizer isso a Marty quando a assistente da senhora Matsuura telefonou. Ela havia recebido uma comunicação da alfândega japonesa sobre o pacote de Miami. Sem saber nada da história, ela me chamou.

O pacote chegara a salvo no aeroporto de Narita. Os inspetores da alfândega sacudiram a caixa, ouviram o barulho da areia, perceberam o selo de Miami e concluíram que alguém havia mandado uma caixa de quatro quilos de cocaína para Odawara. Abriram o pacote e a areia e as conchas caíram. Analisaram tudo em busca de resquícios da droga mas nada encontraram. Perplexos com esse presente sem sentido e ainda esperando encontrar algum resquício da droga, telefonaram para a casa da senhora Matsuura pedindo informações. A areia e as conchas estavam agora num saco plástico à espera de serem recolhidas. Fui ao aeroporto de Narita, expliquei o presente aos agentes incrédulos, e enviei-o devidamente para a senhora Matsuura. A história não lhe agradou. Ela achou que os oficiais da alfândega haviam sido por demais arrogantes. Isso fez com que ela se lembrasse dos piores dias da guerra. Fiz o máximo para dar-lhe explicações, mas não pude fazê-la compreender o lado humorístico da história. Ela não sabia o que era cocaína.

Capítulo 3

Estávamos no final de setembro de 1984, seis meses depois da volta de minha mãe para Miami. Odawara estava exuberante, com o clima quente e as folhas abundantes. Carros pequenos carregando grandes pranchas de surfe enchiam as estradas. Grupos de turistas com seus guias haviam-se formado junto à estação de trem. Como tartarugas ao sol, espichavam o pescoço para dar uma olhada na torre do Castelo de Odawara. No alto das colinas, caquizeiros ostentavam cachos maduros de cor alaranjada em contraste com as folhas muito verdes. As rosas do jardim dos Matsuura estavam carregadas de brotos para a segunda floração do ano. As roseiras eram altas e haviam sido cuidadosamente cultivadas. As amplas janelas corrediças que davam para o jardim haviam sido removidas para se criar uma varanda longa e estreita. Três senhoras à espera do tratamento sentaram-se na beirada, balançando as pernas descuidadamente. Falavam sobre suas doenças num tom de voz simpático. A senhora Matsuura sentou-se na parte de dentro, no tatame, resmungando.

"Mais duas pessoas me pediram que eu lhes desse conchas." Sacudiu a cabeça. Havia colocado a areia e as conchas numa pequena caixa de vidro, exibida com destaque num canto da casa. "Todos os que passam por aqui vêem as conchas e querem uma. As pessoas gostam tanto de possuir coisas... Às vezes, isso me faz querer perder a esperança."

Perguntei: "Deu alguma?"

"É claro que não!" Ela parecia um rabino ortodoxo indagado sobre se gosta de presunto e ovos no café da manhã. "Sua mãe mandou-as para mim. Essas coisas são tudo o que eu tenho para me lembrar dela."

Nos seis meses desde que conhecera a senhora Matsuura essa era a primeira vez que ela se dispôs a mostrar as lembranças que seus pacientes lhe haviam dado em sinal de gratidão. Talvez tivesse sido indelicado mostrar a areia e as conchas de minha mãe e não os presentes dos outros. Tive a impressão de que ela estava se preparando para algum tipo de aposentadoria; de que estava colocando no palco todo o elenco como um prelúdio para o grande final. Em todo caso, o cômodo ficara pequeno e atravancado. A maior parte dos presentes era de produtos feitos a mão, muitos demonstrando considerável habilidade: pinturas, origâmi, colagens, esculturas, leques e alguns desodorizantes muito feios disfarçados de cestas de piquenique. "Veja tudo isso", disse ela, apontando para os presentes num gesto impetuoso. "Tenho muita sorte em ter esses amigos generosos e gentis."

Sentamo-nos com os joelhos dobrados, conversando. Sua postura era a mais ereta, mas seus ombros haviam começado a cair. Ela parecia ter envelhecido nos últimos seis meses. Estava usando um guarda-pó pardo. Os trajes informes não tinham colarinho nem mangas, e iam até os joelhos. A senhora Matsuura parecia menor do que nunca. Sua pele estava envelhecida e vincada. Grandes manchas se haviam formado no dorso das mãos. Seu semblante estava mais obscuro, e os olhos mais fundos do que podia me lembrar nas últimas quatro semanas. A pele na bochecha escurecia como a tormenta que se forma no horizonte. Havia deixado o cabelo crescer; depois cortou-o bem rente. Ela não se preocupava com tingi-lo, e ele apresentava um cinza opaco. Pensei em perguntar-lhe sobre sua saúde, mas, talvez temendo o pior, não fiz isso.

Ela trabalhou comigo com sua rapidez costumeira e economia de movimentos. Examinou o alinhamento de minhas vértebras, a pressão sangüínea, a pulsação, o fluxo do ki e o tornozelo esquerdo. Depois de dez minutos, disse: "Não tenho nada a fazer por você, pois está em perfeita saúde e não requer tratamento hoje. Vou fazer com que a minha assistente devolva o seu dinheiro." Isso deu início a uma discussão ridícula. Pedi-lhe que guardasse o dinheiro em paga pelo seu diagnóstico, enquanto ela insistia em só ser paga pelos serviços prestados. Começou a bater as mãos na fronte, o que reconheci como um sinal de que a sua paciência estava acabando.

"Trouxe um mapa-múndi", eu disse, enquanto abria um mapa de bolso que eu havia "surrupiado" de um avião. Abri-o sobre o tatame. Ela ficou pasma com a distância de Miami a Tóquio.

"É difícil acreditar que a sua mãe tenha me encontrado. Ela teve de vir até aqui usando aviões, trens, ônibus e, depois de tudo, subir esta colina até chegar a este quarto. Que façanha!"

"Não foi fácil, mas valeu a pena."

"Sim, valeu. Aprendi muito com ela. Ela era uma mulher muito interessante."

"Eu não sei como é que vocês se comunicavam."

"O corpo dela falava comigo. Tivemos muitas conversas. Posso descobrir mais sobre a personalidade ou o caráter de alguém por meio do ki do que conversando com a pessoa durante dias. O ki nunca mente nem se engana. Sua mãe é cheia de energia, agressiva e impaciente. É levada pela cabeça e não pelas emoções. No caso dela, ambas as coisas ficam separadas. Você e ela têm personalidades diferentes mas compatíveis."

A conversa desviou-se para a saúde do seu marido e depois, muito naturalmente, para a sua própria saúde. "É tão boa quanto se pode esperar de alguém na minha idade", disse ela naturalmente. "Eu deveria ter morrido anos atrás, você sabe. Problemas de pressão e circulação. Não fossem os tratamentos com ki e aquele médico amável que você conheceu na festa... Ele trata de mim algumas vezes e eu trato de mim diariamente."

Olhei para os presentes dispostos na sala. "Pensa em se aposentar?"

Ela sorriu. "Estou aposentada."

"Não parece."

A senhora Matsuura tomou uma bebida da garrafinha, sua constante companheira. Seus movimentos eram abruptos e tinham um quê de masculino, em contraste com a forma notadamente feminina dos gestos dos japoneses, que completavam sua segunda natureza. "Sou uma velha teimosa. Por que haveria de cruzar os braços o dia todo quando posso usá-los para ajudar os outros?" Ela apontou para as senhoras que tomavam sol na varanda. "Comecei a sugerir que as pessoas passem a ver Furukawa. Ele é muito bom, um praticante competente. Tenho orgulho de que ele seja o meu sucessor. Veja, tenho mais lembranças do que pacientes atualmente. Só atendo quatro ou cinco por dia."

Ela tirou a caixinha de vidro da estante e inspecionou cada uma das conchas. "Um presente maravilhoso", suspirou. "Tive muita sorte em conhecer você e sua mãe. Nunca antes eu ouvira falar de um *koko* com tanta dedicação. E vocês não são japoneses." Suas feições assumiram um ar de gravidade e seus olhos se tornaram vazios.

"A senhora tem filhos?", perguntei.

Ela não respondeu. Sentou-se com o aspecto de uma pedra gasta pelo tempo, enquanto observava a areia e as conchas. A assistente estivera de pé ao lado da porta, ouvindo. Ela entrou sem fazer barulho e fez um sinal para que eu saísse. "Sensei teve dois filhos. Um morreu", murmurou.

As pontas dos dedos do meu pé esquerdo começaram a formigar e a latejar à medida que a temperatura caía. Telefonei para a senhora Matsuura para pedir conselhos. Ela me disse que meu tornozelo provavelmente se deslocara ligeiramente, mas que isso não era motivo de aborrecimento. Aconselhou-me a fazer imersões com os pés e fazer também exercícios com o ki diariamente. Disse-me que me dependurasse numa barra ou me apoiasse contra uma parede com o braço direito e desse chutes com o pé esquerdo para a esquerda até o meu tornozelo "estalar". Por fim, deu-me o nome de um praticante da região. Telefonou para ele e contou-lhe a minha história; depois, ele fez com que meu tornozelo voltasse ao lugar numa única sessão.

Passei pouca parte do inverno de 1985 no Japão, só três semanas. Fui da Califórnia até Tóquio no dia sete de abril e telefonei para a casa dos Matsuura no dia seguinte. Minha mãe havia me dado um presente para ser entregue à senhora Matsuura, e pensei seriamente em me tratar de novo com ela. Haviam-se passado quase cinco meses.

Uma estranha atendeu o telefone. Ela mostrou-se pesarosa e um pouco incoerente. A senhora Matsuura sofrera um forte ataque três dias antes e estava no hospital. Mais do que isso ela não podia me contar.

Cancelei meus compromissos nos negócios e fui imediatamente para Odawara para ver Furukawa, que explicou o que havia ocorrido. O ataque fora tão súbito e devastador que a senhora Matsuura não esperava viver. Sua morte parecia uma conclusão inevitável; mas, de manhã, ela havia recobrado a consciência. Os médicos achavam que sua mente sofrera agravos irreparáveis. Furukawa pensava de outra forma. Ele conhecia a intensidade do ki daquela mulher e estava certo de que a mente dela continuava intacta; contudo, ela estava paralisada do pescoço para baixo. Seu nome estava na lista de pacientes em estado crítico, com poucas chances de sobrevivência.

Tomei um táxi para o hospital, um edifício novo e desanimador nas cercanias da cidade. A arquitetura e a disposição desafiavam o ambiente, dando a impressão de ignorar a passagem dos dias e a mudança das cores. Nem mesmo o sol primaveril e o verde dos campos e das árvores eram capazes de atenuar-lhe a aparência desolada. Imaginei que todos os pacientes estivessem gelados.

A senhora Matsuura dividia um quarto com seis mulheres. Sua cama estava ao pé da janela, que dava para um estacionamento, cercado inteiramente por arranjos florais e cestas de frutas. Algumas senhoras da região, a quem reconheci, estavam sentadas do lado de fora do vestíbulo, à disposição.

Ela parecia a mesma — a menor coisinha do mundo. Seu corpo minúsculo mal se entrevia sob o lençol. As formas de seu corpo não se distinguiam das de um cabo de vassoura. Ela estampou no rosto um sorriso débil quando me aproximei e falei o meu nome. Seus olhos ainda irradiavam um brilho obscuro, mas sem a penetração de antes. Pareciam resignados a ver em vez de olhar.

A senhora Matsuura nunca fora um modelo de eloqüência, e naquele momento era muito difícil entendê-la. Ela falava da mesma maneira respeitosa, ultrapassada e delicada, mas de modo tão suave que eu mal podia entender.

"Estou muito feliz. Tenho muita sorte. Obrigada por vir."

Pensei que sua mente entrara no que os japoneses, delicadamente, chamam de "êxtase".

"Feliz? Por quê?", perguntei tolamente.

"Por ter você aqui. Por ter conhecido você e sua mãe. Conheci muitas pessoas assim. Muitos amigos assim. Tenho muita sorte. Estou muito feliz."

"Amo você", eu disse.

Sua mão direita começou a se contrair violentamente sob os lençóis. "Puxe!", ela disse. Sua mão tremia de maneira espasmódica, como se tivesse ainda a energia do ki para dar. Ela olhava para a própria mão de maneira serena, como se a mão fosse um pássaro notável que se pudesse admirar sem possuir. A mão que tremia não tinha nenhuma relação com a mulher que sorria para ela em sinal de aprovação. Tomei-lhe a mão e a senti pulsando e tremendo.

"Dê-me essa garrafa", ela disse.

Havia uma garrafa de plástico com um canudinho perto da cama. Coloquei-a na sua mão. Ela conseguiu segurá-la, mas isso foi tudo. O líquido chacoalhava ruidosamente por dentro. Ela suspirou e pediu que lhe colocasse o canudo na boca. "Oh, isso é bom, muito bom", disse, com sentimento. "Isso é um sinal estimulante." Ela apontou para a sua mão direita. "Quero voltar logo para o trabalho." Fechou os olhos e as lágrimas se concentraram na borda de suas pálpebras. "Você disse que me amava", ela murmurou.

"Eu amo você. Minha mãe ama você. Todos os que a conhecem admiram e amam você." Tomei-lhe a mão novamente e tentei em vão conter-lhe os movimentos. Ela abriu os olhos. Eu tinha a impressão de que uma caveira me olhava. "Eu não mereço isso, mas estou muito feliz." Fechou os olhos e imediatamente caiu no sono.

Todos os dias eu conversava por telefone com Furukawa. No décimo dia de hospitalização da senhora Matsuura, ele me informou de uma mudança. "Eles a estão removendo. Ela se recusa a dormir e grita muito durante a noite. Está perturbando os outros pacientes e os médicos não sabem o que fazer com ela. Há um pequeno hospital para convalescentes cerca de doze milhas daqui com uma *onsen* ligada a ele. O nome dela saiu da lista dos pacientes críticos, e ela está sendo enviada para o outro hospital a fim de se recuperar."

"Acha que ela é capaz de se recuperar?"

"Acho que a vontade dela aumentou e seu corpo continua inalterado. Ela voltou à vida pela força de vontade e recobrou a consciência usando essa força de vontade. Mas ela compreende que nunca será capaz de se recuperar fisicamente, de modo que ela se senta de noite e começa a chorar. Aconselho você a vê-la assim que puder. Ela sempre pergunta por você."

O novo hospital era pequeno e de tijolos vermelhos, localizado entre arrozais e mudas de arroz. Colinas verdes se erguiam aos céus nas cercanias, e o monte Fuji se projetava, branco e impressionante, a distância. Fiz uma pausa para observar o panorama. A senhora Matsuura estava num pavilhão amplo, novamente junto à janela — dessa vez com uma visão cálida e familiar. Havia algumas flores no vaso e nenhuma fruta. Milhares de origâmis pendiam alegres dos trilhos das cortinas em torno da cama, oferendas às divindades a fim de que atendessem às orações.

Duas mulheres estavam de serviço. Reconheci uma delas como a funcionária da *onsen* onde a senhora Matsuura dera a festa de aniversário ao marido. Ela parecia constrangida. "Sensei tem estado de mau humor desde que veio para cá. Espero que ela fale com você." A senhora Matsuura permanecia inerte. Seus olhos estavam fixados no teto, sua expressão era fria e determinada. Ela não reconheceu a minha presença. A assistente falou a ela como se fora uma criancinha. "Ele veio de Tóquio para vê-la. Vai ser boazinha e dizer-lhe olá?"

A senhora Matsuura continuou rígida como uma vara. "Eu lhe disse. Estou certa de que ela nos ouve", disse a assistente, num tom de voz alto o bastante para ser ouvido na mesa da recepção. Ela considerou a falta de reação da senhora Matsuura como uma afronta. "Por favor, não fique nervoso com ela. Ela anda teimosa, mas acho que isso é de se esperar de alguém na sua condição."

A mulher saiu ruidosamente e eu me sentei numa cadeira dura ao pé da cama, olhando para o monte Fuji, que brincava de esconde-esconde com as nuvens. Dei uma volta pelo pavilhão, lendo em silêncio as fichas dos outros quatro pacientes. Nenhum deles parecia um candidato à reabilitação. Vê-los me deixou triste. Voltei a me sentar e toquei o braço da senhora Matsuura. Estava frio e sem vida. Eu queria saber se ela ainda viveria muito e me senti incrivelmente triste. Estava a ponto de sair quando ela voltou ligeiramente a cabeça e olhou para mim, perguntando: "Aquela mulher já se foi?" Eu mal conseguia ouvir-lhe a voz.

"Sim."

"Ótimo. Estou contente por ter vindo. Queria dizer-lhe adeus. Resolvi morrer. Não quero ser uma coisa inútil."

Comecei a chorar. Gaguejei um "Como?"

"Resolvi morrer e morrerei." Cerrou os dentes e voltou a olhar para o teto.

Por cinco minutos, conversei com ela, certo de que me ouvia e entendia. Eu falava de maneira positiva, mas suave, para não ser ouvido pela assistente no vestíbulo. Agradeci-lhe pela minha saúde, lembrei-a de certos incidentes que nos divertiram e lhe disse que eu decidira freqüentar aulas de treinamento na organização. Sentado junto de seu braço magrinho, falei-lhe ao pé do ouvido que ela era a pessoa mais decente, admirável e capaz que eu conhecera. Minha emoção fez-me erguer a voz. A assistente me ouviu, achou que a senhora Matsuura estava conversando comigo e entrou no quarto somente para se desapontar.

"Não sei o que aconteceu com Sensei", disse, enquanto me acompanhou até o elevador. "Ela só está aqui pela força de vontade, e, quando as coisas começavam a melhorar um pouco, de repente foi tomada desse estado de espírito negativo."

A senhora Matsuura tomara a decisão de morrer. Ela não poderia suportar a idéia de ser um objeto inútil, à margem da vida. Ela ansiava por saúde, e a morte era o único estado verdadeiramente saudável que lhe restava. Ela ansiava por um papel a ser desempenhado, e só a morte lhe proporcionava essa oportunidade. Ela não seria passiva, morrendo aos poucos, enquanto ainda tivesse capacidade de decisão. Ela se esforçara para recuperar a força para morrer. Escolheu morrer do modo como vivera, de bom grado e sem lamentações. Continuou na posição em que a vi antes. Os dentes cerrados não poderiam ser abertos. O soro, colocado como um último esforço para salvá-la, foi rejeitado pelo corpo. Em dois dias, ela morreu.

O velório budista se prolongou por três dias para que as pessoas viessem de lugares longínquos. Alguns chegaram a vir de Hokkaido e Okinawa. Furukawa tomou as providências necessárias e recebeu a ajuda da assistente da senhora Matsuura. O magnetismo desta não cessou com a sua respiração. Pelo menos, oitocentas pessoas compareceram; a fila de pessoas se estendia da casa até a colina. Elas aguardaram pacientemente, falando em voz baixa, do mesmo modo como vi centenas de pessoas aguardando para serem tratadas por ela. Sem dúvida, estavam contando o que ela havia feito, como as havia curado.

Um dossel branco e preto havia sido erigido sobre a entrada. Furukawa recebia os que chegavam e os encaminhava até o livro dos convidados. Cada pessoa assinava o livro e deixava um envelope contendo dinheiro, entre 75 e 100 dólares por pessoa, para ajudar nos custos dos funerais. Deixei dois envelopes, um meu e um de minha mãe. Como sempre, Furukawa se mostrava calmo e prestativo.

Ele disse: "Acho que você não vai mais voltar para Odawara."

"Nunca se sabe. Posso ter uma recaída e vir vê-lo, como nos velhos tempos."

Ele se riu. "Entre na casa. A família pediu para você se sentar junto dos familiares."

A casinha estava superlotada. A "clínica" da senhora Matsuura estava reservada para a família e os parentes. Uma almofada sobre o tatame perto do altar havia sido reservada para mim. O ambiente continha os bens terrenos da senhora Matsuura. Eles encimavam as prateleiras sobre as quais haviam colocado um vaso de crisântemos brancos. No meio, estava uma fotografia da senhora Matsuura em tamanho maior do que ela. Uma foto da cabeça aos ombros, tirada dez anos antes. Ela estava usando um quimono formal e tinha um ar delicado e modesto. Ninguém poderia conjecturar acerca da cor do seu cabelo no dia em que a foto fora tirada.

Um altar fora erigido perto dos crisântemos e três sacerdotes zen entraram e se sentaram nele. Um era de meia-idade; os outros dois, jovens. Pareciam serenos enquanto entoavam o sutra. A fumaça e a fragrância do incenso se evolava pelo aposento, combinando-se à monotonia do canto e dissipando-se em baforadas. A fila das pessoas passava lentamente dentro do jardim. Haviam retirado as janelas e um pequeno altar permanecia diante da varanda.

Jardineiros laboriosos haviam realizado um milagre da noite para o dia. Plantas, vinhedos e arbustos floresciam no ar primaveril. Um pequeno lago e uma cascata artificial estavam onde havia ervas silvestres. Uma passagem de cascalho branco orientava as pessoas pelo jardim e de volta para a rua. Cada pessoa se detinha por um momento na varanda, olhava para dentro do aposento em silêncio e, com expressão solene, contemplavam a fotografia que cintilava ao fundo, e então prosseguia.

Era o funeral de um herói. Nem mesmo a formalidade e a precisão dos japoneses poderia diminuir a emoção do momento. Ninguém chorava nem se lamentava; a família, principalmente, conservava-se calma; mas centenas de pessoas se haviam reunido ali sem outra razão além da gratidão. Isso não é comum no Japão, onde ligações no mundo dos negócios e obrigações sociais são as forças-mestras que estão por trás do comparecimento em grande escala aos funerais. Ninguém devia à senhora Matsuura nada além da saúde. As pessoas humildes haviam ido até ali em massa para prestar sua última homenagem a um gênio da cura.

Talvez o maior tributo à senhora Matsuura tenha sido o prestado involuntariamente por um colega praticante. Dezoito meses depois que ela me tratou, encontrei alguém que por seu *status* e sua reputação na associação, era um mestre incomum na arte da cura. Ele fez com que suas mãos deslizassem pelo meu corpo por alguns minutos e, depois, disse ponderadamente: "Há algo notável sobre o seu ki. É um tipo de ki agudo e incomum. Isso me lembra uma Sensei que faleceu não há muito tempo — a senhora Matsuura de Odawara. Chegou a se tratar com ela?" O ki da senhora Matsuura, sua força de vontade quanto a viver e a morrer, continuavam vivos em mim. Carrego comigo a energia vital de uma mulher pequenina e obstinada de uma cidade do Japão à beira-mar, e carrego-a, graças a ela, em bom estado de saúde.